剑桥给学生做的
经典思维游戏

梁剑丽　编著

延边大学出版社

图书在版编目(CIP)数据

剑桥给学生做的经典思维游戏 / 梁剑丽编著. — 延吉:
延边大学出版社，2012.4
ISBN 978-7-5634-4669-8

Ⅰ. ①剑… Ⅱ. ①梁… Ⅲ. ①智力游戏 Ⅳ. ①G898.2

中国版本图书馆CIP数据核字(2012)第051645号

剑桥给学生做的经典思维游戏

编	著：	梁剑丽
责	编：	何 方
出版发行：		延边大学出版社
社	址：	吉林省延吉市公园路977号　邮编：133002
电	话：	0433-2732435　传真：0433-2732434
网	址：	http://www.ydcbs.com
印	刷：	北京龙跃印务有限公司
开	本：	16K　710×960毫米
印	张：	10印张
字	数：	150千字
版	次：	2012年4月第1版
印	次：	2016年11月第2次印刷
印	数：	1-3000
书	号：	ISBN 978-7-5634-4669-8
定	价：	39.80元

前　言

PREFACE

　　人的一生可以通过学习来获取知识，但思维训练从来都不是一件简单容易的事，作为一种能"使思维流动的活动"思维游戏无疑是一种训练思维的最好方式，它不但能够帮助发掘个人潜能，而且能使人感到愉快。本书将向你展示剑桥大学是通过何种途径挖掘学生的大脑潜能，培养各种思维能力的。书中的多个思维游戏是剑桥大学为全方位训练学生思维专门设计的，从缜密思维、发散思维、创新思维、逻辑思维、综合思维等方面出发，锻炼游戏者综合运用逻辑学、运筹学、心理学和概率论等多种知识的能力，兼具挑战性、趣味性与科学性。游戏内容丰富，形式活泼，难易有度，有看似复杂但却非常简单的推理问题，有让人迷惑不解的图形难题，有运用算术技巧以及常识

解决的纵横谜题等。本书虽是一本游戏书，但却不是一本简单的娱乐书，书中的游戏极富思维训练的张力，无论孩子、大人，或是学生、上班族、管理者，甚至高智商的天才们，都能在此找到适合自己的题目。

　　本书将为大家营造一个坐在剑桥大学的课堂里训练思维的意境，在游戏的过程中，你需要大胆的设想、判断与推测，需要尽量发挥想象力，突破固有的思维模式，多角度、多层次地审视问题。这些浓缩哈佛大学思维训练精华的游戏，将使你在享受乐趣的同时，全面发掘你的大脑潜能，让你越玩越聪明，越玩越成功

目　录

CONTENTS

001 透镜

凸透镜和会聚透镜都被称为正透镜，因为它们都能把平行的光线会聚于焦点。那么如果让平行的光线通过2个厚度不同的正透镜，如下图所示，那么结果与只通过一个正透镜是相同的吗？如果不同，结果又应该是怎样的呢？

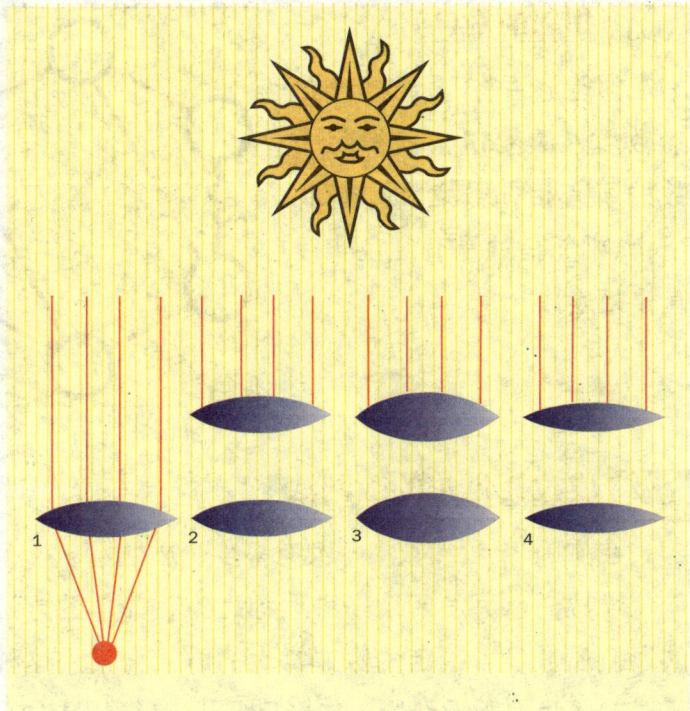

002 图案上色(2)

请你给下面的图案上色，使任意2个相邻地区的颜色都不相同。

请问最少需要几种颜色？

003 相邻的数(1)

你能够否将0～5这6个自然数填入圆圈中，使得每个数的所有相邻数之和如箭头所指(相邻指的是有红色实线直接相连)。

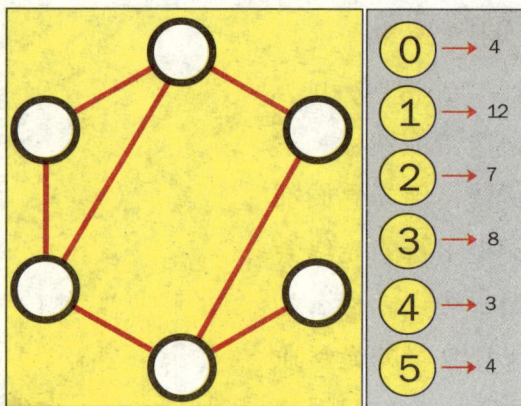

0 →	4
1 →	12
2 →	7
3 →	8
4 →	3
5 →	4

004 埃拉托色尼的筛网法

在前100个自然数中一共有多少个质数？

埃拉托色尼发明了一种他称之为"筛"的方法来找出给定范围内的所有质数。当给定的数非常大的时候，使用这种方法会非常困难，不过就像我们所看到的，如果只是找出100以内的质数，这种方法还是非常方便和有效的。除了1（数学家一般都不把1看做是质数），从2开始，2是质数，用删掉所有2的倍数的方法来"摇一下这个筛子"，如图所示。然后再删掉所有3的倍数，依此类推。

我们的问题是：在100以内一共需要删掉几个质数的倍数？

2

005　字母公寓

方格代表某城市的公寓楼，每栋公寓楼都用一个字母表示。它们的分布如下：D楼正好在T楼的下方，L楼在K楼后面，而Q楼则在B楼和M楼之间。你的任务是根据下面这些目击证人的话，最终找出夜贼藏身的地方。

R	T	Y	U	O
S	D	F	G	H
K	L	Z	X	C
B	Q	M	W	A
E	N	P	J	V

1．我看见他从F楼后面的那栋楼里跑出来。

2．我看见他在1所说的那栋楼下面第二栋楼的前面那栋楼里。

3．我看见他在2所说的那栋楼上面那栋楼的后面那栋楼里。

4．你们都错了，我看见他所在的楼是在3所说的那栋楼的下面那栋楼的前面的前面。

他到底在哪栋楼？

006　重组五角星

把这4个十边形复制下来，并把它们剪成如图所示的17部分。你可以把这17部分重新拼成一个规则的五角星吗？

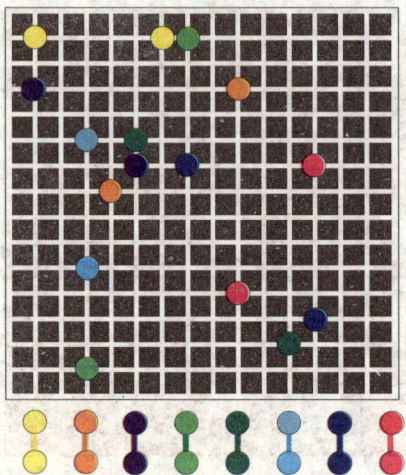

007 **连接色块**

　　沿着图中的白色边线把所有的色块连接起来，注意各条线不能相交。

1

2

3

008 **棋盘与多米诺骨牌**

　　多米诺谜题中有一组经典题是用标准多米诺骨牌（1×2的长方形）覆盖国际象棋棋盘。

　　图中3个棋盘上各抽走2个方块（图中黑色处），留下的空缺无法用标准多米诺骨牌填充。

　　你能找出这3个棋盘中哪一个能用31块多米诺骨牌覆盖完吗？

009 聚集太阳光

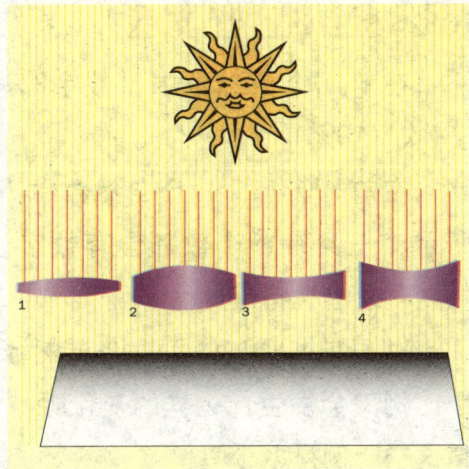

如上图所示，平行的太阳光分别通过4个不同的透镜射到一张白纸上。

请问哪一个透镜下的白纸会着火？如果引起着火的不止有一个透镜，那么哪个透镜下面的火着得更厉害？

010 移走木框

右边的这些木框可以一个一个地移走，并且它们之间互不干扰。

请问应该按照什么顺序移走这些木框？

如果你答对了这道题，那么这些木框上的字母将会组成一个英文单词（按照你移走木框的顺序）。

011 相邻的数(2)

你能够否将1～9这9个自然数填入圆圈中，使得每个数的所有相邻数之和如箭头所指。

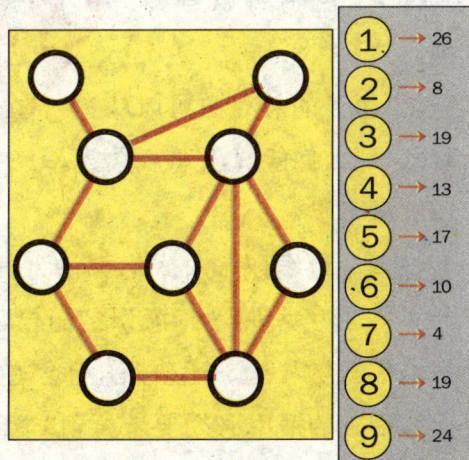

1	→ 26
2	→ 8
3	→ 19
4	→ 13
5	→ 17
6	→ 10
7	→ 4
8	→ 19
9	→ 24

012 所有含"9"的数

在前10个自然数中，数字9只出现了1次（10%）。

在前100（10^2）个自然数中，如图所示，一共有19个数都含有数字9，占19%，或者说将近1/5。

1	11	21	31	41	51	61	71	81	91
2	12	22	32	42	52	62	72	82	92
3	13	23	33	43	53	63	73	83	93
4	14	24	34	44	54	64	74	84	94
5	15	25	35	45	55	65	75	85	95
6	16	26	36	46	56	66	76	86	96
7	17	27	37	47	57	67	77	87	97
8	18	28	38	48	58	68	78	88	98
9	19	29	39	49	59	69	79	89	99
10	20	30	40	50	60	70	80	90	100

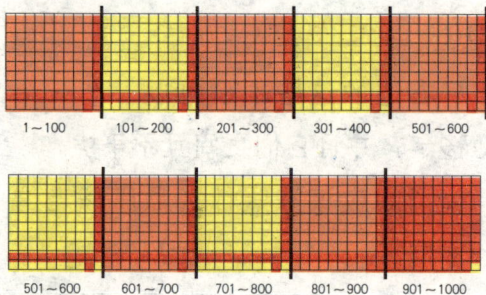

对于前1000（10^3）个自然数，这个比例又会发生什么样的变化呢？ 如果是前10^{64}个自然数呢，你能猜猜这个比例是多少吗？

1~100　101~200　201~300　301~400　501~600

501~600　601~700　701~800　801~900　901~1000

$$10 = 10\%$$
$$100 = 19\%$$
$$1000 = ?$$
$$10^{64} = ?$$

013 3个色子

掷3个色子可以有多少种方式？

3个色子的总点数可以从3到18。那么你能算出总点数为7和10的概率吗？

许多个世纪以来，人们都认为掷3个色子只有56种方法。人们没有意识到组合与排列之间的区别，他们只数了这3个色子的组合方法，却没有意识到要计算精确的概率必须要考虑到3个色子的不同排列。

014 分割五角星

把这个大五角星复制下来，并把它分割成如图所示的12部分。

你可以把这12部分重新拼成 4 个小五角星吗？

015 银行密码

一位男士在银行新开了一个账户，他需要为这个账户设定一组密码。按照银行的规定，密码一共有5位，前3位由字母组成，后2位由数字组成：

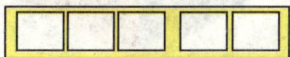

问：按照下面3个不同的条件，密码的设定分别有多少种可能性？

1. 可以使用所有的字母和所有的数字。

2. 字母和数字都不能重复。

3. 密码的开头字母必须是T，且字母和数字都不能重复。

016 **六彩星星**

你能用这7个六边形组成一个图形，使该图形包含一个具有6个顶点、6种颜色的六角星吗？

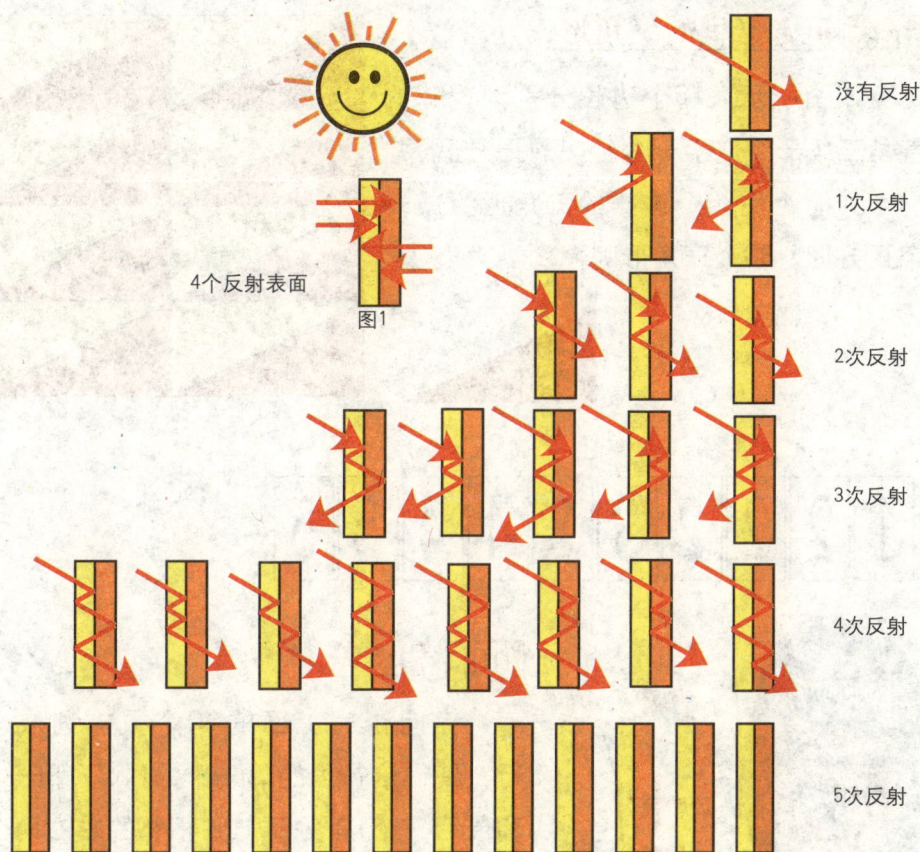

没有反射
1次反射
2次反射
3次反射
4次反射
5次反射
4个反射表面
图1

017 光的反射

我们来研究光的反射现象。如果把2种不同的透镜正面相贴地放在一起，那么可能反射光线的表面一共有4个，如图1所示。

如果光线没有经过反射，它会直接穿过去。

如果光线经过1次反射，可能有2种不同的情况。

如果光线经过2次反射，可能有3种不同的情况。

根据不同的反射次数所出现的情况的种数分别为：1，2，3，5，8，13，21，…这是一个斐波纳契数列，即数列中后一个数字等于前两个数字之和。

那么你能够画出光线经过5次反射的13种情况吗？

9

018 正方形里的三角形

如图所示，16个边长分别为1和2的直角三角形组成了一个4×4的正方形。

你能否用20个这样的三角形组成一个正方形？80个三角形呢？

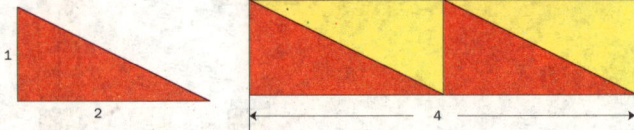

1	2	2	2	3	3	4	4	5	5

019 和或差

你能否将上面的10个数排列成一行，使得这行里的每一个数（除了第一个和最后一个）都等于与它相邻的左右两个数的和或差？

020 数字图案

你能发现表格中数字的规律，并在空白处填上恰当的数字吗？

	2	5	6	
3	4	7	8	11
10	11		15	18
12	13	16	17	20
	20	23	24	

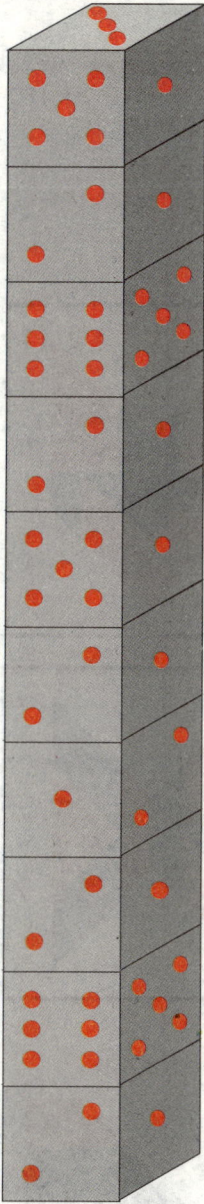

021　堆色子

　　你能计算出这10个色子没有画出来的那些面的
总点数吗？

　　这些色子所有的接触面的点数都相同。

022　七角星

　　把这两个相同的七角星复制下来并剪成如图所
示的20部分。

　　你可以把这20部分重新拼成一个大的七边形
吗？

023 镜面七巧板

每张卡片上描绘的是本页及下一页底部4个形状的其中2个的镜像。

你能找出每张卡片中镜子所处的位置吗？以及该卡片上的2个形状分别是什么样的吗？

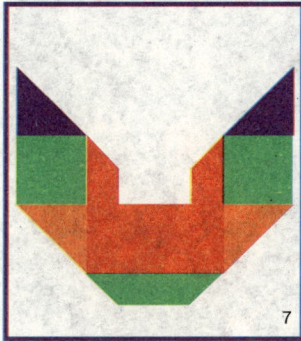

7

8

9

10

11

12

024 伪装

8个士兵已经埋伏在森林中，他们每个人都看不到其他的人。

如图，每个人都可能埋伏在网格中的白色小圆处，通过夜视镜每个人只能看到横向、竖向或斜向直线上的东西。

请你在图中把这8个士兵的埋伏地点标出来。

025 金鱼

你从鱼缸的上面向下看，所看到的金鱼位置和金鱼在鱼缸里的实际位置是一致的吗？

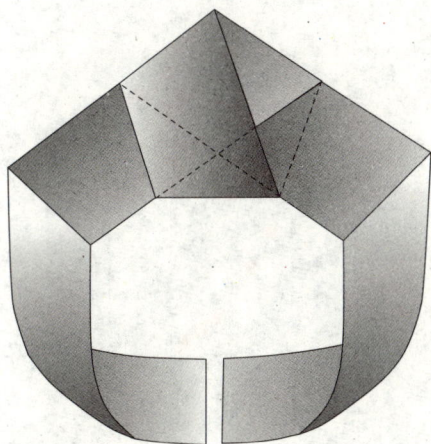

026 纸条构成的五边形

如图所示，将一张小纸条打一个结，打结处形成了一个正五边形。

如果将纸条的两端粘合起来，就形成了一个闭合的表面。请问这个表面有几个面和几条边？

027 数列

你能否找出左边这个数列的规律，并写出它接下来的几项吗？

2 3 5 6 7 8
10 11 12 13 14
15 17 18 19
20 21 22 23
24 26 27…？

028 穿孔卡片游戏

将这4张正方形的穿孔卡片复印并剪下来，然后把卡片上的白色部分挖空，作为"窗户"。

请你将这4张卡片重叠起来，并且使卡片上每一个小正方形的4个圆圈分别呈现出4种不同的颜色。试试看，应该怎么做呢？

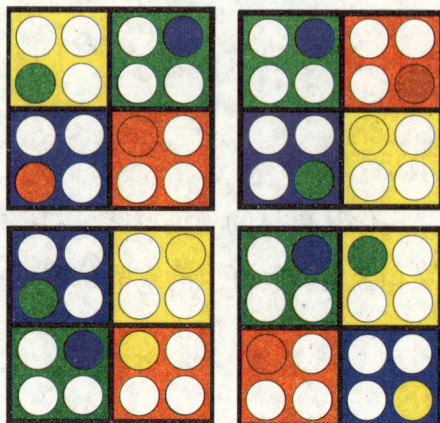

029 有洞的色子立方

20个规则的色子组成了一个大立方体，如图所示。在大立方体每一面的中间都有一个洞。

你能否分别写出这3个我们看得见的洞四面的色子点数？

我们看不见的那3个洞呢？

030 神奇的九边形

把这3个小的九边形复制下来，并剪成15个彩色的部分。

你可以把它们重新拼成一个大的九边形吗？

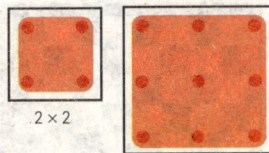

2×2

3×3

031 小钉板上的闭合多边形

小钉板可以帮助我们学习和理解多边形的面积关系，在板上用线把各个钉子连起来可以得到不同的多边形。

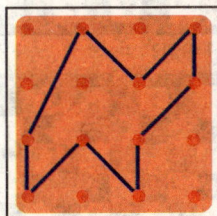

4×4

这里要求在正方形的小钉板上用线连成一个闭合的，并且每两条边都不在同一条直线上的多边形。多边形的每个顶点都必须在板上的钉子上，并且每个钉子只能使用一次。

如图所示的是在一个4×4的小钉板上连成的有9个顶点的多边形，请问你能否在这个板上用线连成一个有16个顶点的多边形，即板上的每个钉子都使用一次，并且满足上面所讲的要求？

请你在从2×2到5×5的小钉板上，用上尽可能多的钉子连成符合要求的多边形。

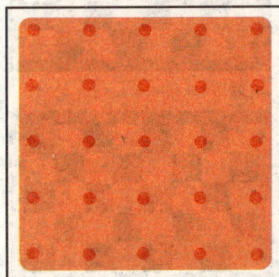

5×5

032 多米诺覆盖（1）

用1×2的长方形多米诺骨牌，你能完全覆盖上图的网格吗？

17

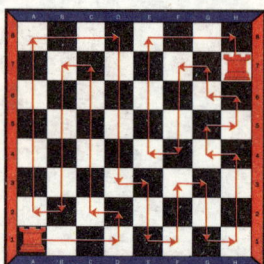

问1和问2

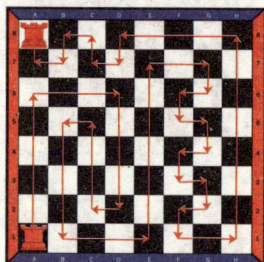

问3和问4

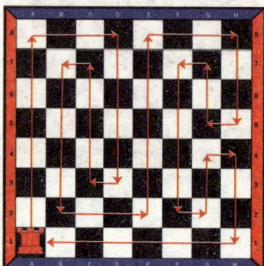

问5和问6

车的巡游

车的巡游是指车走遍棋盘上所有的格子，但每个格子只能进入一次。

车可以横走和竖走，格数不限，不能斜走。

在下面的这几种情况下请问车最少走几步或最多走几步才能完成巡游？

问1和问2：图中从A1到H7车走了30步。请问最少走几步和最多走几步才能完成这次巡游？

问3和问4：图中从A1到A8车走了31步。请问最少走几步和最多走几步才能完成这次巡游？

问5和问6：图中车用20步完成了一次回到起点的巡游。请问最少走几步和最多走几步才能完成这次巡游？

034 **拼图**

这是一个拼图游戏，需要移动几步才能从左边的图形变成右边的图形（图中灰色方块部分是空的）？

035 自创数

按照下面的规则在一行10个空格里填上一个十位数：

第1个数字是这个十位数各位数字中所包含的"0"的个数；第2个数字是十位数各位数字中包含的"1"的个数，第3个数字是十位数各位数字中所包含的"2"的个数，依此类推，直到最后一个数字是十位数各位数字中所包含的"9"的个数。

这个结果就好像是这个十位数在创造它本身，因此，人们把它叫做自创数。

怎样才能解决这个具有挑战性的难题呢？这道题究竟有没有解？

有人找到了一些思路来解决这个问题。他说，因为第1行一共有10个不同的数字，因此第2行的各个数字之和一定为10，由此就决定了这个十位数中所包含的最大数字的极限。

你能按照上面的逻辑，找到这道题唯一的解吗？

036 升旗与降旗

如果最下面的齿轮按逆时针方向旋转，那么最上方的旗子是会上升还是会下降呢？

037 找错

A，B，C，D是一张图分别所成的像，有一项上有个错误，请找出这一项。

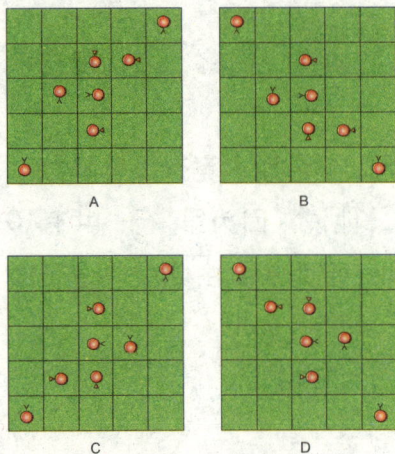

038 星形难题

把这3个小的十二角星形复制并剪成24个部分。

你可以把它们重新组合拼成一个大的十二角星形吗？

039 重叠的六边形

如图所示，4个绿色的小正六边形和1个红色的大正六边形部分重叠。

问：除去重叠的部分，4个绿色六边形和红色六边形相比哪个剩余面积更大？红色正六边形的边长是绿色正六边形边长的2倍。

多米诺覆盖(2)

上面的10×10的棋盘中有5个方块被删掉。用1×2的长方形多米诺骨牌，你能完全覆盖上图所有没被删掉的网格吗？如果不能，你能完成多少？

041 迷宫

迷宫是一种古代的建筑。传说最早的迷宫是代达罗斯为克里特岛上的米诺斯国王修建的，迷宫里面关着牛头人身的怪物。特修斯进入迷宫，杀掉了怪物，并且找到了回来的路，因为他在进入迷宫的时候

这个图形迷宫是最古老的迷宫图案之一

将一个金色线团的一端留在了入口处，最后沿着金线走出了迷宫。

从数学的角度看，迷宫是一个拓扑学的问题。在一张纸上通过去掉所有的死胡同可以很快找到迷宫的出口。但是如果你没有这个迷宫的地图，而且现在就在迷宫里面，仍然有一些规则可以帮助你走出迷宫。例如，在走的过程中把你的手放在一边的墙上，留下印记。这样做，最终一定会走出迷宫，尽管你走的并不一定是最短路线。但是如果迷宫的墙有些是闭合的，那么这个方法就不管用了。

没有闭合的墙的迷宫是简单连接的，也就是说，它们没有隔离墙；而有隔离墙的迷宫的墙一定是闭合的，被称为复杂连接。如下图所示。

有没有一种方法可以帮助你走出任何一个迷宫？

简单连接的迷宫　　多层迷宫

042 莱昂纳多的结

上图是莱昂纳多创造的一个复杂的拓扑学结构，请问这个结构里面一共用了多少根绳子？

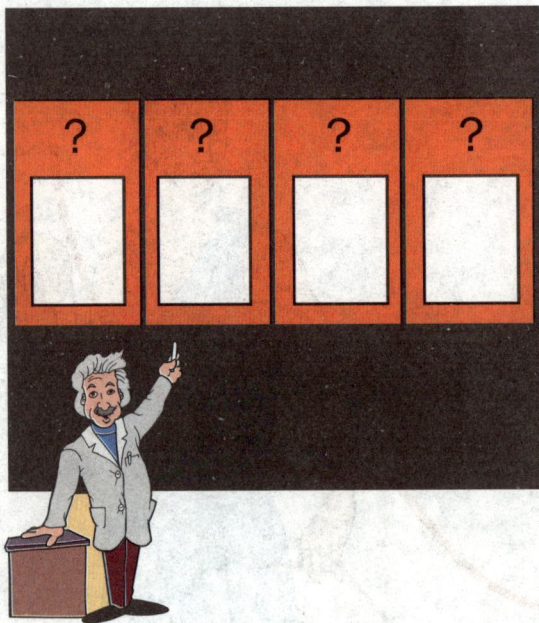

043 凯普瑞卡变幻

任意列出4个不同的自然数，例如2435。

把这4个数字依次递减所组成的四位数与依次递增组成的四位数相减，得到的数再用相同的方式相减（不足四位补0）：

5432－2345

几轮之后你会得到一个相同的数。

我已经猜到这个数是什么了，你呢？

044 填补空白

5个选项哪一个可以放在空白处？

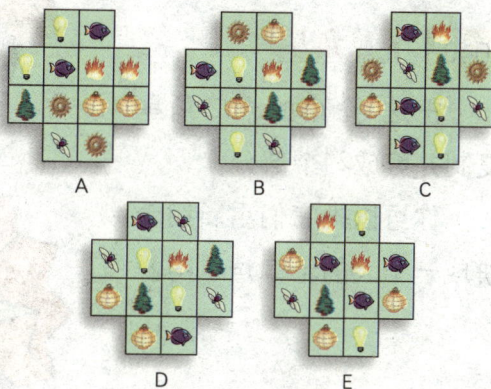

A B C

D E

2 3 4 5 6 7

●

8 9 10 11 12 13 14

●

15 16 17 18 19 20 21 · · ·

045 质数加倍

在任意一个数字和它的2倍之间是否总是可以找到一个质数？

046 **十二角星**

把这3个小的十二角星复制并剪成24个部分。

你可以把它们重新组合拼成一个大的十二角星吗？

047 **拼接三角形**

如图所示，有6根长度分别为3，4，5，6，7，8的不同颜色的木棍，请问用这些木棍可以拼出多少个三角形？

048 连续的多格骨牌方块(1)

由1到8个正方形组成的被称做多格骨牌的这些形状，已如图所示排列出来。

你能用所有这些形状创造出一个6×6的正方形吗？

你能找到几种解决方法？

049 有几个结

如图，如果这2只狗向着相反的方向拉这根绳子，绳子将会被拉直。

问拉直后的绳子上面有没有结，如果有的话，有几个？

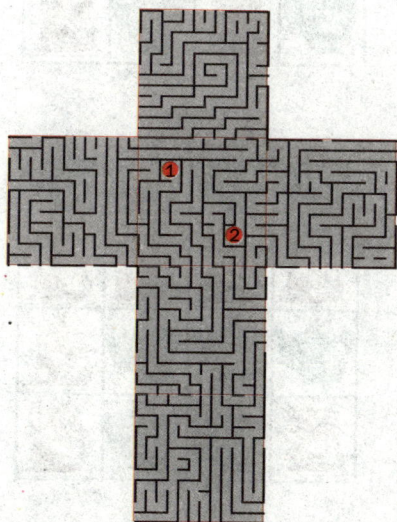

050 立方体迷宫

把这张迷宫图复制并剪下来，再折成一个立方体。然后试着从1处走到2处。看你最快多久能够完成。

051 扑克牌

如图所示，15张扑克牌摆成一个圆形，其中两张已经被翻过来了。

这15张牌中每相邻3张牌的数字总和都是21。

你能否由此推出每张牌上的数字？

052 青蛙和王子

一个4×4的游戏板上随机放了16个双面方块。这些方块一面是青蛙，一面是王子。

这个游戏的目标就是使所有的方块都显示为同一面，即要么全部是青蛙，要么全部是王子。

翻动方块时要遵循一个简单的规则：每一次必须翻动一整横行、竖行或者斜行的方块（斜行也可以是很短的，比如游戏板一角的一个方块也可算做一个斜行）。

已经给出了两个游戏板，请问它们都可解吗？有没有简单的方法来确定一种结构是不是可解的呢？

问1

问2

053 **宝石**

下面是一个为世界级宝石展览特制的架子。展品包括7块宝石，但是架子上只能放下6块宝石，怎样才能使这个架子放得下7块宝石，并且每块宝石都在一个重要的位置呢？

054 五边形的变换

如图所示，把1个五角星和4个正五边形分成10部分，它们可以被重新拼成两个大的相同的正五边形。

你知道怎么拼吗？

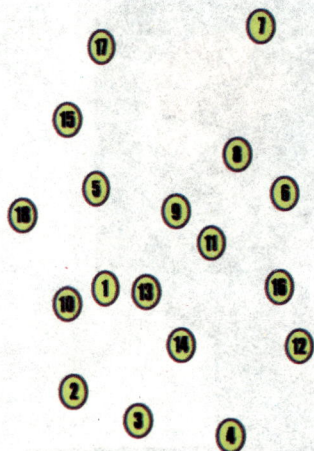

055 连线

你能够把这些数字用曲线从头到尾连接起来吗？注意曲线之间不能相交。

056 连续的多格骨牌方块(2)

这里有一组不同的共8块连续多格骨牌。

你能用它们创造一个6×6的正方形吗？

你能找到几种解法？

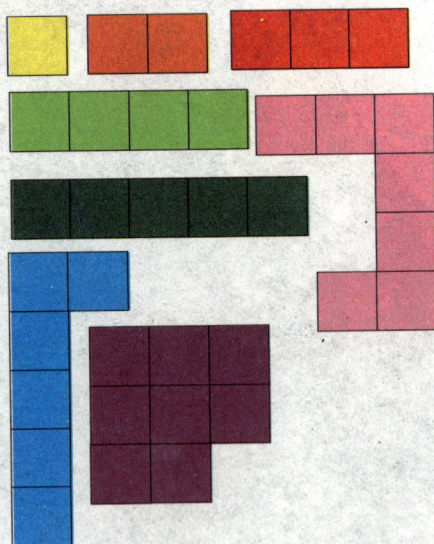

057 结的上色

图1所示的结已经被上色了，现在要求你根据下面的条件，将剩下的5个结也分别上色。

每个节中每一个线与线的交叉点处都有3个部分需要上色：

1. 穿过这个交叉点的上面的线；

2. 穿过这个交叉点的下面的线的一边；

3. 穿过这个交叉点的下面的线的另一边。

每个交叉点处的线需要分别涂上3种不同的颜色，也就是说，给一个结上色至少需要3种不同的颜色。

图1用了4种颜色上色，问给其余的5个结上色分别最少需要多少种颜色？

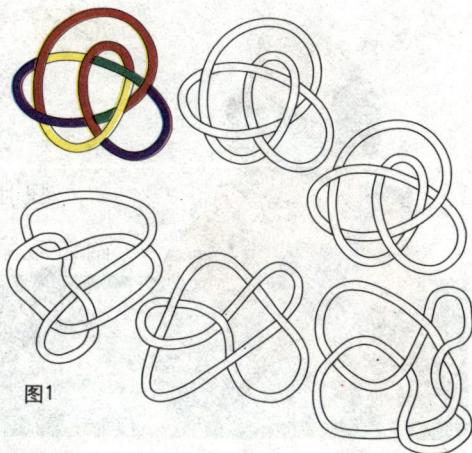

图1

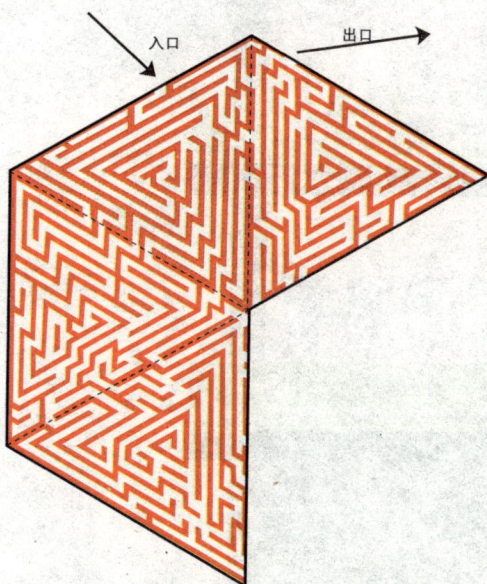

058 金字塔迷宫

把这张迷宫图复制并剪下来，再折成一个金字塔。看看你能不能走出来。

059 计算器故障

计算器总是可信的。但是我的计算器上除了1，2，3这3个键以外，其余的键都坏了。

只用这3个键，可以组成多少个一位、两位或者三位的数？

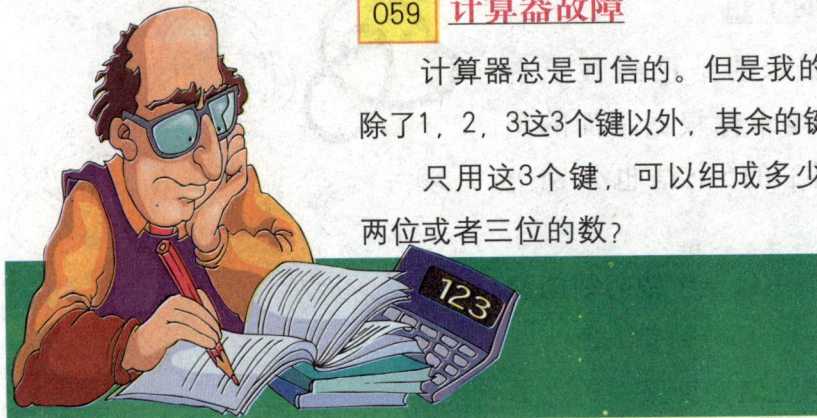

0,1,2,3,4,5,6,7,8,9,11,22,33,44,55,66,77,88,99,101,111,121,…?

060 玻璃杯(1)

这里有7个倒放着的玻璃杯，要求你把这7个杯子全部正过来，但是每次都必须同时翻转3个杯子。

请问最少需要几次才能完成？

061 掷硬币

图中的这位女士将一个硬币连掷5次，一共会出现多少种可能的结果？

062 帕瑞嘉的正方形

把这个被截去一角的三角形复制并分割成8块，然后把它们重新拼成一个完整的正方形。

063 小钉板上的四边形

在3×3的小钉板上连四边形，有多少种连法？

你能画出16种简单四边形吗？

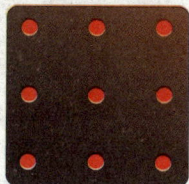

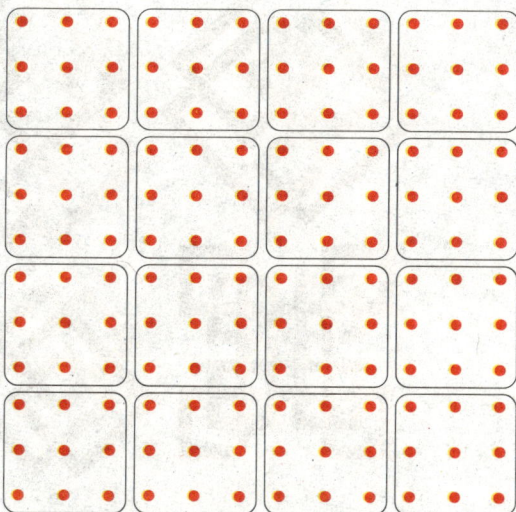

064 镜像射线(1)

假设你有一面平面镜，将镜子置于其中一条标有数字的线条上面，并放到原始模型上。每一次操作你都会得到由原始模型未被遮盖的部分和镜面反射产生的镜像组成的对称模型，镜子起着对称轴的作用。

下图A～H8个模型就是由7条对称线按这一方法得到的。

你能辨别出制造每个模型的线条分别是什么吗？

065 纸条的结

这6幅图分别是由6根纸条绕成。

问哪一幅图与其他5幅都不同？

1

2

3

4

5

6

066 **卡罗尔的迷宫**

　　如图所示，从迷宫中心的菱形开始，你能否走出这个迷宫？

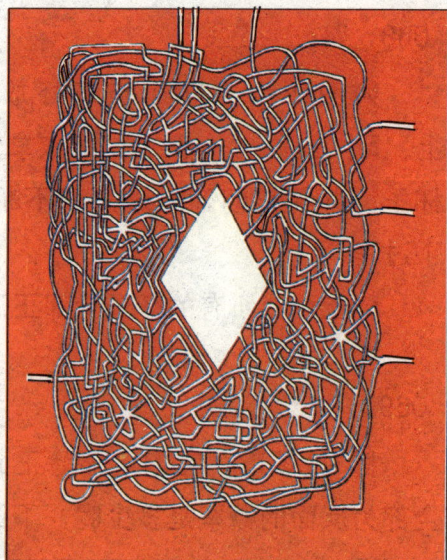

067 **回文**

　　回文并不是只出现在文字上，数字也可以产生回文现象。

　　选择任意一个正整数，将它的数字顺序前后颠倒，然后再与原来的数相加。将得到的数再重复这个过程。如此重复多次以后，你会得到一个回文顺序的数，即把它颠倒过来还是它本身。下面举了234、1924和5280的例子：

```
     234          1924          5280
    +432         +4291         +0825
     666          6215          6105
                 +5126         +5016
                 11341         11121
                +14311        +12111
                 25652         23232
```

$$89$$

$$\cdots$$

$$\cdots$$

$$?$$

　　是不是每一个数最后都可以得到一个回文顺序的数呢？

　　试试89，看它是不是。

068 玻璃杯(2)

如图所示，10个玻璃杯放在桌子上，5个正放，5个倒放。每次拿任意2个杯子，并将它们翻转过来。不断重复这个过程。

你能否让所有的杯子全部正过来？

069 掷3枚硬币

掷3枚硬币，它们全部为正面或者全部为反面的概率是多少呢？下面的分析对吗？

掷3枚硬币，至少有2枚的结果一定会相同，因此也就取决于第3枚的结果，第3枚不是正面就是反面，因此这道题的答案应该是1/2，对吗？

070 埃及绳问题

古埃及的土地勘测员用一条长度为12个单位的绳子构造出了面积为6个单位并有一个直角的三角形，这条绳子被结点分成12个相等的部分。

你也可以用一条相似的绳子做出其他图形。

你可以用这样的绳子做出面积为4个单位的多边形吗？可以把绳子拉开，形成一个有直边的多边形吗？图示已经给出一种解法。你能找到其他的吗？

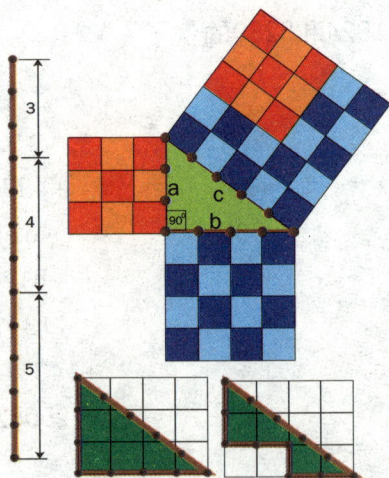

埃及绳被拉成面积为6个单位的埃及三角形
埃及绳被拉成面积为4个单位的多边形

071 **数正方形(1)**

请问图中有多少个正方形？

072 **对结**

如图，一条绳子的2个不同方向上分别有2个结。

请问这2个结能够相互抵消吗？还有，你能否将这2个结互换位置？

073 镜像射线(2)

假设你有一面平面镜，将镜子置于其中一条标有数字的线条上面，并放到原始模型上。每一次操作你都会得到由原始模型未被遮盖的部分和镜面反射产生的镜像组成的对称模型，镜子起着对称轴的作用。

图中A～J 10个模型就是由5条对称线按这一方法得到的。

你能辨别出制造每个模型的线条分别是什么吗？

074 蜂巢迷宫

你能否找到穿过这个蜂巢的最短路线？

075 4个 "4"

将数字4使用4次，通过简单的加减乘除将尽可能多的数展开。允许使用括号。

例如：

1 = 44/44

2 = 4/4 + 4/4

用这种方式可以将数字1～10都展开。

如果允许使用平方根，你可以将数字11～20都展开，这中间只有一个无解。

1 =	$44/44$
2 =	$4/4 + 4/4$
3 =	
4 =	
5 =	
6 =	
7 =	
8 =	
9 =	
10 =	
11 =	
12 =	
13 =	
14 =	
15 =	
16 =	
17 =	
18 =	
19 =	
20 =	

076 变形

在这9个变形中，目标是由第1个图形变到第2个图形，规则是将原来图形的整个横行以及竖行顺序打乱。

你能找出系统地解决这类游戏的方法吗？

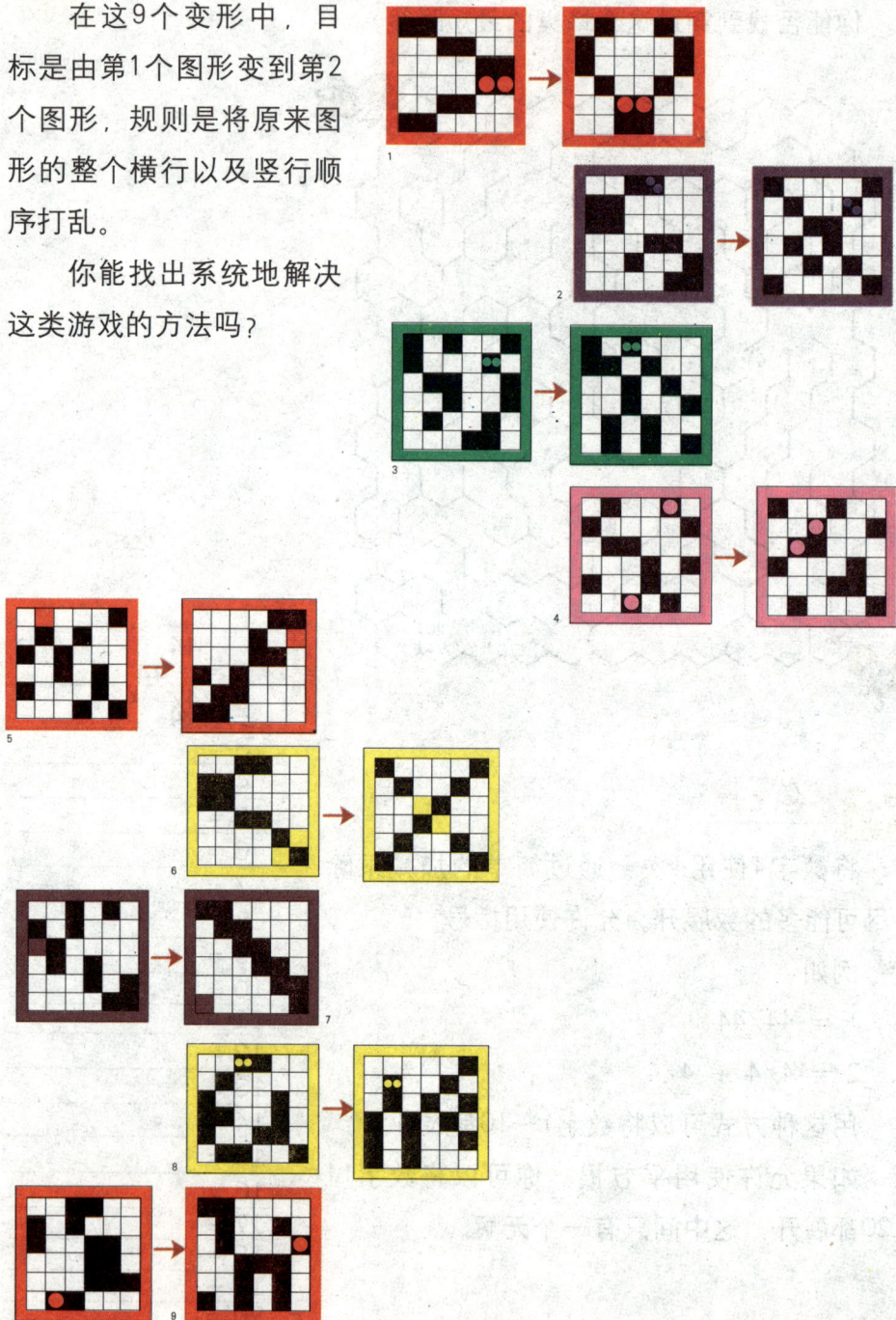

0　　　　　　　　掷到100次正面　　　　　　　　100

0　　　　　　　正面和反面交替出现　　　　　　　100

0　　　前50次连续出现反面，后50次连续出现正面　　100

0　　　　　10次反面，然后10次正面，交替出现　　　100

0　　　　　20次反面，然后20次正面，交替出现　　　100

0　　　　　　　正面和反面随机出现　　　　　　　100

□ 正面

■ 反面

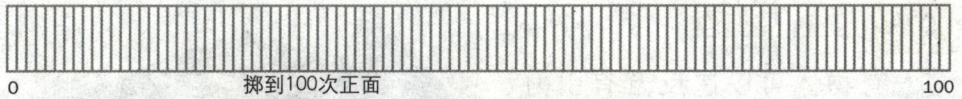

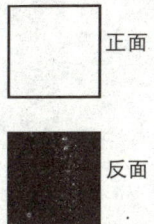

077　掷100次硬币

掷1枚硬币100次，全部都为正面的概率是多少？正面和反面交替出现的概率呢？

前50次连续出现正面、后50次连续出现反面的概率是多少？

以及上面任意一种情况的概率是多少？

078 反重力圆锥

有物体可以违反万有引力吗？

伽利略设计了许多天才的机械的实验发明，它们当中最简单的一种如图所示。

你能设想出，当你把这两个圆锥的组合体放在这个轨道的最低处，然后放开它们，会发生什么吗？

079 数正方形(2)

请问图中有多少个正方形？

080 海市蜃楼

你可能见过用2面凹面镜组成的"海市蜃楼之碗"。

放在"碗"的底部的一枚硬币或者其他小物体会被反射，并且如图所示被观察到在顶部漂浮。

这个令人难忘的视错觉是由反射产生的，那么有几次反射呢？

081 不可思议的鸠尾接合

请问你能将左图这个看上去不可能得到的鸠尾接合分开吗？

与普通的鸠尾接合不同，这个模型四面都是一样的。

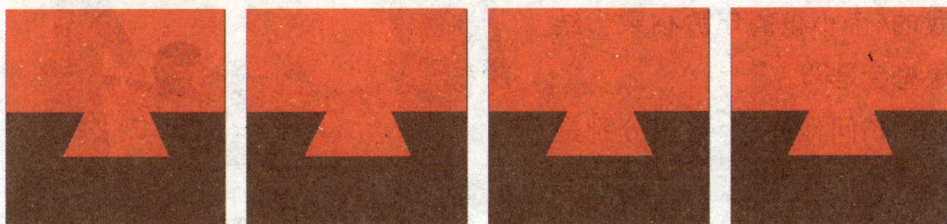

这个鸠尾接合的四面

082 缺失的正方形

你能否找出规律，将图中每一横行缺失的正方形补充完整？

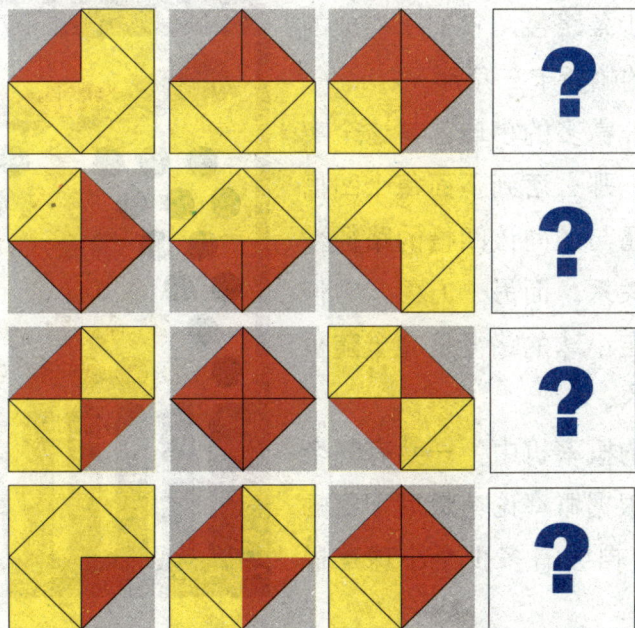

083 **4个数**

我有没有跟你讲过，有一种人只知道1，2，3，4这4个数字。

他们只用这4个数字可以组成多少个一位、两位、三位和四位的数？

084 **孩子的年龄**

一个父亲说："如果将我的4个小孩的年龄相乘，结果将会是39。"

请问他的4个孩子分别是多大？

085 **概率机**

在如图所示的概率机中，将黄色的阀门打开，上面的红色小球就会向下落。每一个小球在下落中有两种可能性：向左或者向右。

中间障碍物上面的数字表示通向它们各有多少条路径。它们所构成的图形是著名的帕斯卡三角形。

如果放非常多的小球，将这个实验做很多遍，那么落到下面每个凹槽中的小球数量与通向该凹槽的路径数量有直接的关系。而另一方面，它们中某一个特定小球的路径是完全随机和不可预测的。

在我们的概率机中，一共有64个小球。那么根据概率论，最后下面的7个凹槽中各自会有多少个小球落进去？

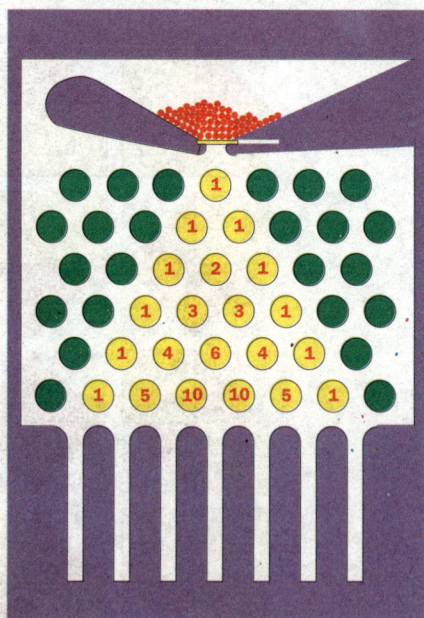

概率机

086 毕达哥拉斯正方形

你可以把这12个图形重新拼成一个完整的正方形吗？

087 面积和周长

下面有8个图形，其中有2个圆、2个六边形、2个正方形和2个三角形。这些图形中有4个图形面积相等，4个图形周长相等。

请你分别把它们找出来。

088 十二边形模型

图1所示的十二边形被分割成20块色块，并且这些色块被重新排列成不同的模型。1～4这4个模型中哪个是不可能由图1中的色块组合而成的？

图1

1

2

3

4

089 吉他弦

如图所示，一根吉他弦两端分别固定在1和7两处，从1到7每两点之间的距离相等。

在4，5，6处分别放上3个折叠的小纸片。

用手捏住琴弦的3处，然后拨动2处。

纸片会有什么反应？

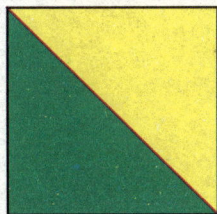

将1个正方形沿着一条对角线折叠，得到2个全等的等腰直角三角形。

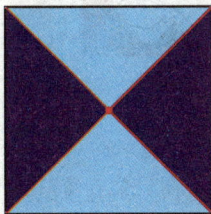

将1个正方形沿着它的2条对角线折叠，折叠线经过正方形的中心，并将它分成4个全等的等腰直角三角形。

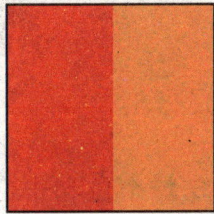

将1个正方形沿着纵向的对称轴对折，得到了2个全等的长方形，该对称轴与正方形的2条边都平行。

将1个正方形沿着纵向和横向的对称轴对折，折叠线经过正方形的中心，并将它分成了4个全等的小正方形。

沿着正方形所有的对称轴折叠4次，折叠线就是它的4条对称轴；此外，这个正方形还绕着它的中心点中心对称。

090 正方形折叠(1)

在几何学中，正方形是4条边相等和4个角相等的几何图形，或者说它是4条边都相等的矩形。

不用任何辅助工具，只是用手来折叠一个正方形，你会得到很多有趣的数学结果。这里给出了一系列的折叠方法，其结果分别是不同的数学发现。

你能否用一个正方形折出4个大小不同的正方形？

1 8 II 69 88

96 101 III

181 609 ?

091 **数列**

这里的数是按照一定的顺序排列的，你能否在画有问号的方框内填上一个恰当的数？

如果你做到了，图中缺少的那块蛋糕就是你的了！

092 **父亲和儿子**

父亲和儿子的年龄个位和十位上的数字正好颠倒，而且他们之间相差27岁。

请问父亲和儿子分别多大？

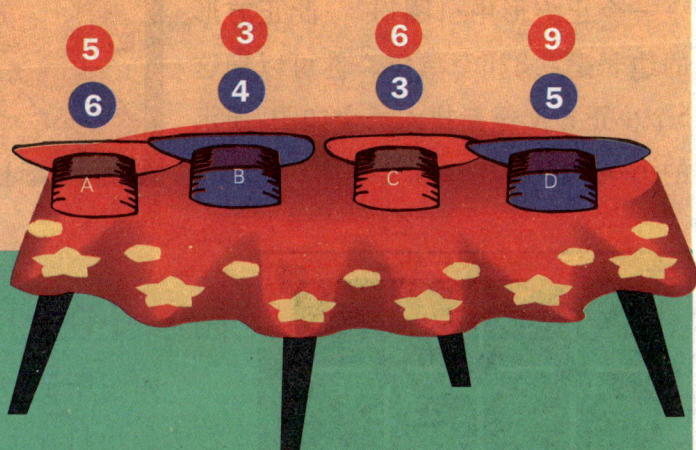

093 4个帽子游戏

将41个小球放进如图所示的4个帽子中，其中23个小球为红色，18个小球为蓝色。每个帽子中的小球数量如图所示。

从每组中（A和B为一组，C和D为一组）抽出一个小球。在这2次中如果你抽到红色小球就算你赢。请问在哪个帽子中抽到红色小球的可能性最大？

094 把5个正方形拼起来

将5个边长为1个单位的正方形拼入一个正方形中（图1），此正方形的边长是2.828个单位。你可以把这5个小正方形重新拼入一个如图2所示的小一点的正方形吗？

图1   图2

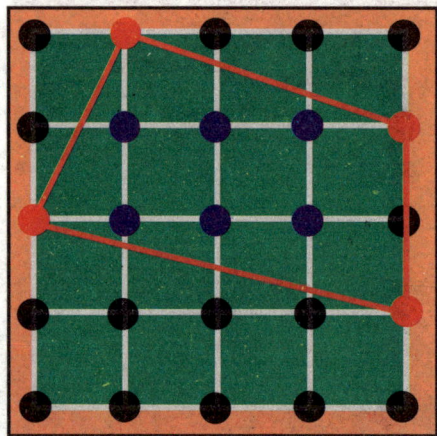

095 小钉板上的图形面积(1)

如图所示，用一根橡皮筋在右边的小钉板上围出一个红色的四边形，假设图中每一个小正方形的边长为1个单位，你能算出这个红色的四边形的面积吗？

096 彩色多米诺骨牌(1)

你能将28块彩色的多米诺骨牌放入7×8的游戏板内，使得游戏板上除了8个灰色方块之外，其余的部分可以被分成12组2×2的双色方块吗？有效的六色布局如图1所示。

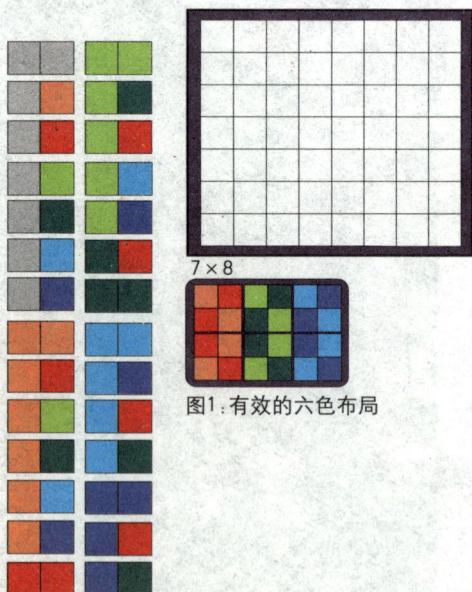

7×8

图1：有效的六色布局

097 拼瓷砖

将这7块瓷砖按照如下要求
拼接起来：

1. 每2个图形任意相邻的两
部分颜色不同。

2. 最后拼成的图形必须是
轴对称图形。

货物箱

工作人员

098 滑行方块

上图是一个大型仓库的平面图。仓库里的货物箱用红色方块表
示，仓库里的工作人员用蓝色方块表示。

我们的任务是要将所有的货物箱都推到图中最顶上的储物区。工
作人员只能自己来推动箱子，可以横向或者纵向推动箱子，但是不能
斜向推动。一次只能推动一个箱子。推一次看做是一步，不管这一步
有多远。如下页例子所示，下页所示的工作人员推一个箱子用了2步。

解决这个问题一共需要多少步？

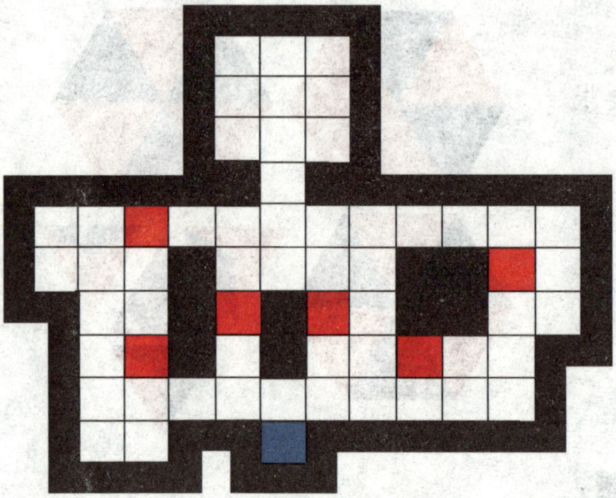

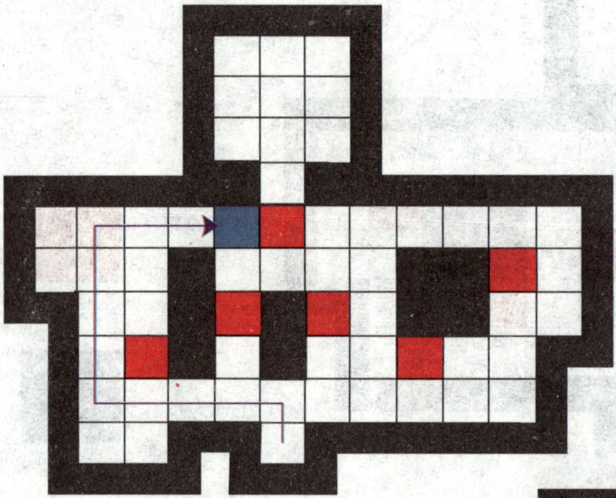

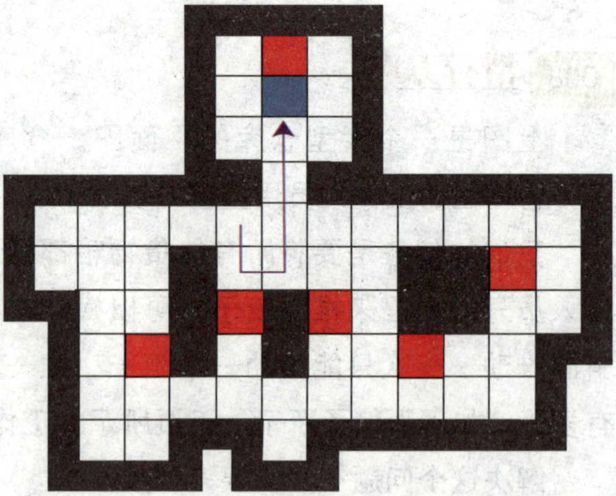

099 足球

如果这个足球的重量等于50克加上它重量的3/4，那么这个足球的重量是多少？

100 弹子球

詹妮和杰迈玛本来有相同数量的弹子球，后来詹妮又买了35颗，而杰迈玛丢掉了15颗，这时他们两人弹子球的总数是100。

请问刚开始时詹妮和杰迈玛分别有多少颗弹子球？

101 2个帽子游戏

在一个小一点的桌子上再玩帽子游戏，将41个小球放在2个帽子中。各个帽子中小球的数量如图所示。

从哪个帽子中抽到红色小球的可能性更大？

102 组合单位正方形

把11个相同的红色单位正方形放进黄色的正方形区域。规则如下：

1. 正方形必须在黄色区域内。
2. 不允许出现重叠的正方形。

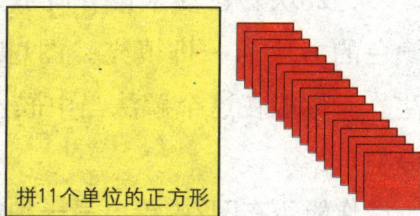

拼11个单位的正方形

103 小钉板上的图形面积（2）

如图所示，假设每一个小正方形的边长为1个单位，你能够算出下面这4个图形的面积吗？

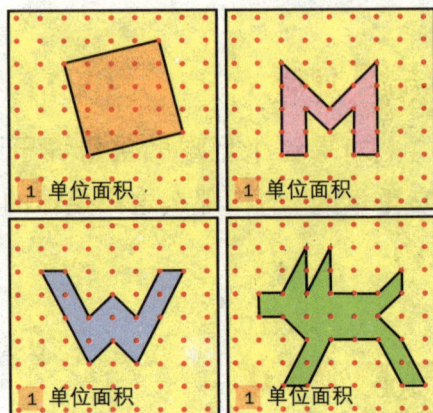

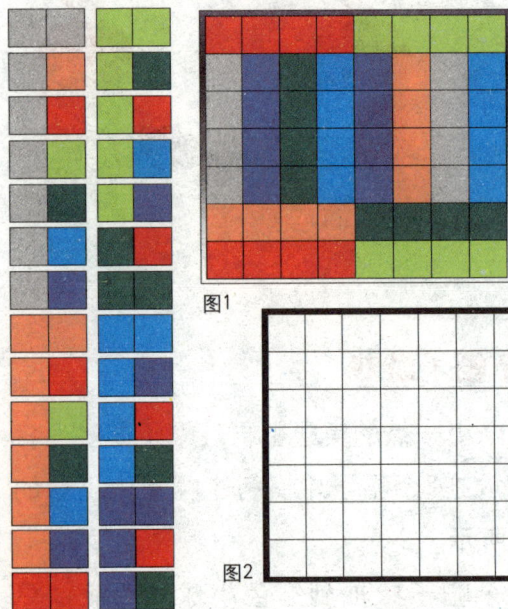

1 单位面积　1 单位面积　1 单位面积　1 单位面积

图1

图2

104 彩色多米诺骨牌（2）

将28块彩色多米诺骨牌放入7×8的游戏板中，要求是以4个相同颜色的方块为一排填充。图1提供了一种解法（有多种完全不同的解法）。你能在这个解法当中嵌入多米诺骨牌的轮廓吗（即找出其骨牌原型）？

你能否在图2中给出另一种解法？

54

105 颜色相同的六边形

右图是一个蜂巢式的结构，蜂巢中的每一个六边形都用如图所示的6种颜色上色，六边形的6个顶点颜色相互都不同。

现在要求将整个图形上色，使每2个相接的六边形的顶点的颜色都相同。请问有多少种不同的六边形的上色方法？

同一图形的旋转和镜像只算做一种上色方法。

106 哈密尔敦路线

从游戏板上的1开始，必须经过图中每一个圆圈，并依次给它们标上号，最后到达19。你每次只能到达一个圆圈，并且必须按照图中的箭头方向前进。

注意：不能跳步。

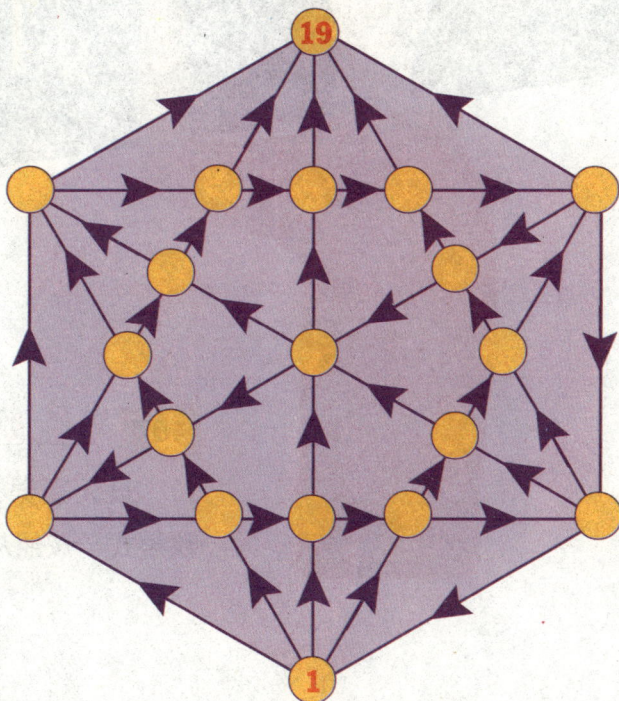

55

$$\sqrt{10} \qquad \frac{\sqrt{10}}{10} \qquad \frac{1}{10\sqrt{10}}$$

$$10^2 \qquad 10 \qquad \sqrt[]{\frac{1}{10}}$$

$$\frac{10}{\sqrt{10}}$$

107 **数学式子**

只凭直觉，你能否将黑板上的7个
数学式子按照从大到小的顺序排列？

56

108 木头人

这是一个很经典的脑筋急转弯。

一个老座钟上立着一个木头人。每当他听到钟响1次，他就会跳2次。座钟每到整点就响，响的次数与时刻数相等。

那么一天24小时，这个木头人一共会跳多少次？

109 不幸事件

5岁的艾尼不会游泳，在一个平均水深仅为3英尺（约0.9米）的湖里面淹死了。

这个不幸的事件怎么会发生呢？

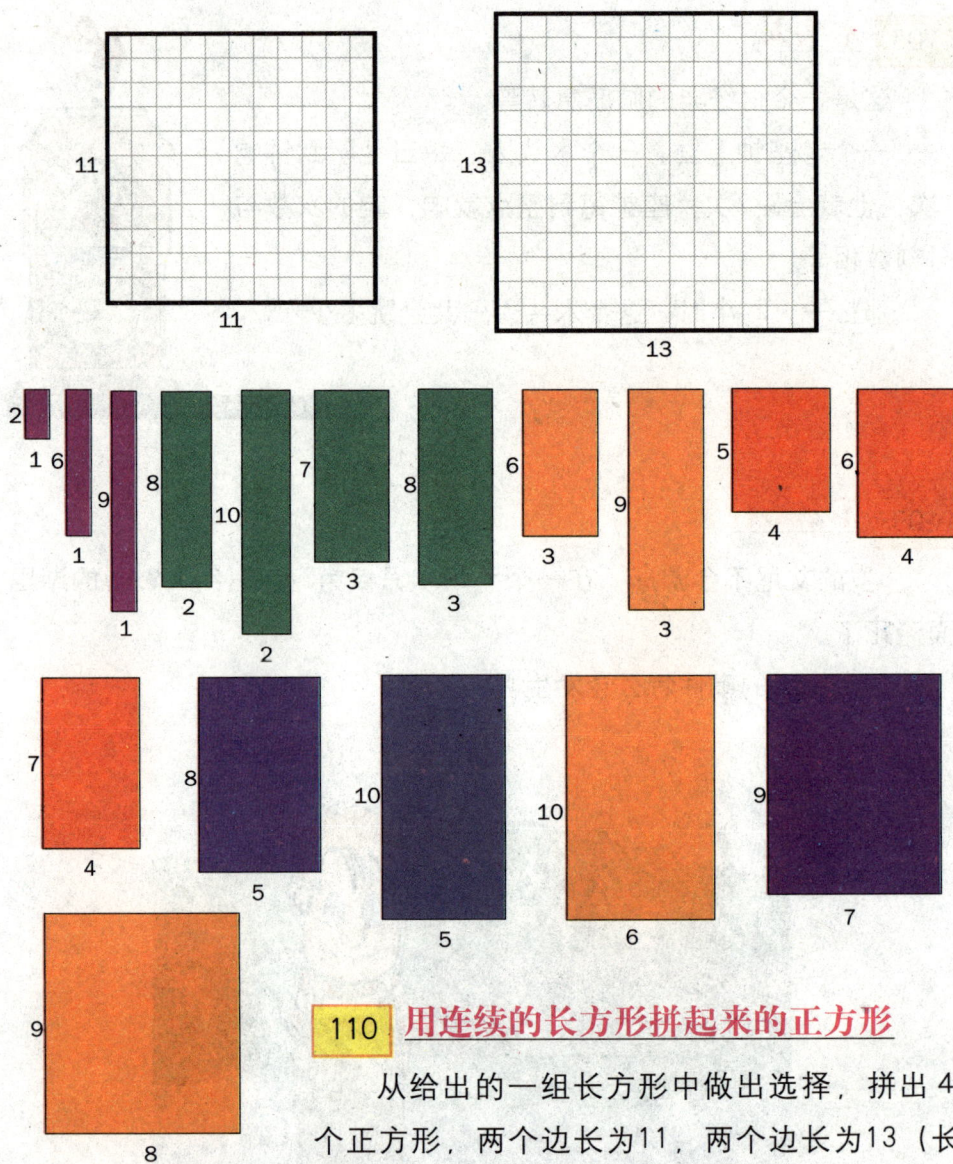

110 用连续的长方形拼起来的正方形

从给出的一组长方形中做出选择，拼出 4 个正方形，两个边长为11，两个边长为13（长方形可以重复使用）。

这4个正方形中的每一个都必须由这样的长方形组成：这些长方形的边长从1到10，每个数字各出现一次。

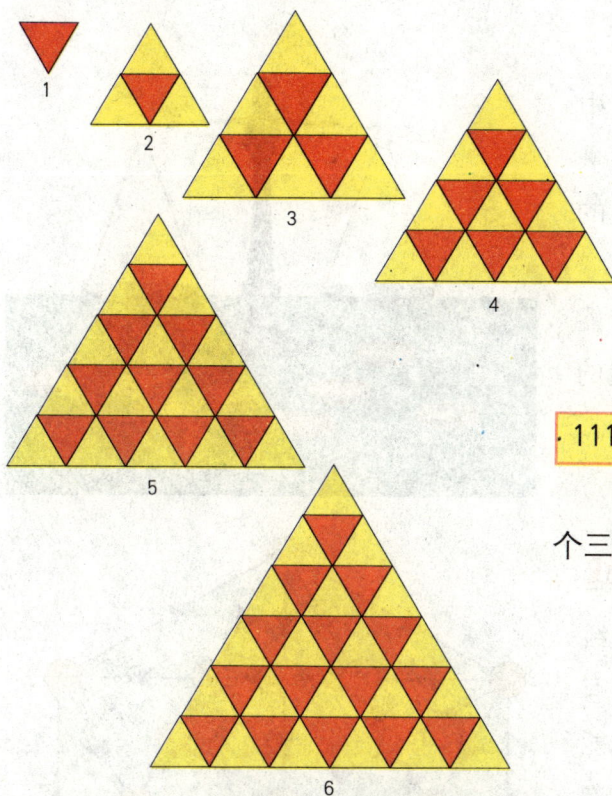

111 多少个三角形

这6幅图中分别有多少个三角形？

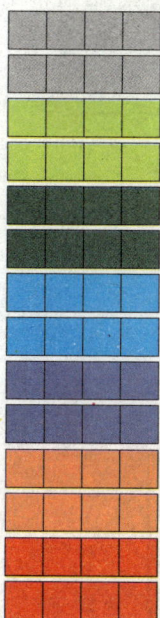

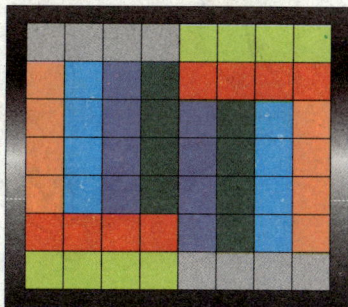

112 彩色多米诺条

你能以多少种方式用14条彩色多米诺条完全覆盖7×8的游戏板？

其中一种可能的解法如右上图所示。在不变动多米诺条位置的情况下，仅对颜色进行置换不算做新的解法。

113 8个金币

一共有8个金币，其中1个是假币。其余的7个重量都相等，只有假币比其他的都要轻。

请问用天平最少几步能够把假币找出来？称重量的时候只能使用这8个金币，不能使用其他砝码。

114 哈密尔敦闭合路线

一个完全哈密尔敦路线是从起点1开始，到达所有的圆圈后再回到起点。你能不能将1～19这些数字依次标进图上的圆圈中，完成这样一条路线呢？

你每次只能到达一个圆圈，并且必须按照图中的箭头方向前进，不准跳步。

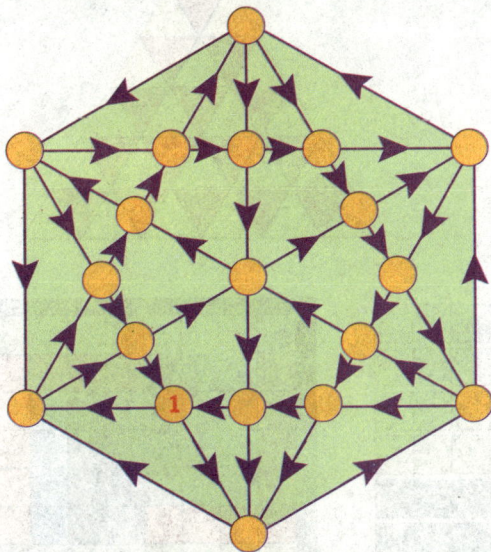

115 11的一半

你能否找到一种方法，使得6等于11的一半？

$$6+6=11$$

116 整数长方形

如图所示，一个大长方形被分成很多个小长方形。每个小长方形或者高是整数，或者宽是整数。绿色的小长方形宽为整数，高不是整数。橘红色的长方形高是整数，宽不是整数。

那么这个大长方形的高和宽都是整数吗？还是都不是整数？

117 X问题

x在9与11之间，如果你不知道x的值，让你猜一个值，使得错误率最小（即你猜的数与x的真实值之间的差距与其真实值的比），你应该猜什么数？

118 把三角形放进正方形

可以放入5个等边三角形（边长为1个单位长度）的最小正方形的边长是多少？

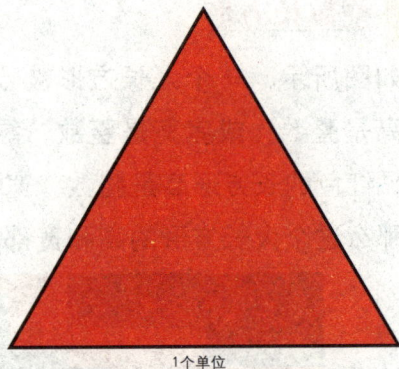

1个单位

119 萨瓦达美术馆

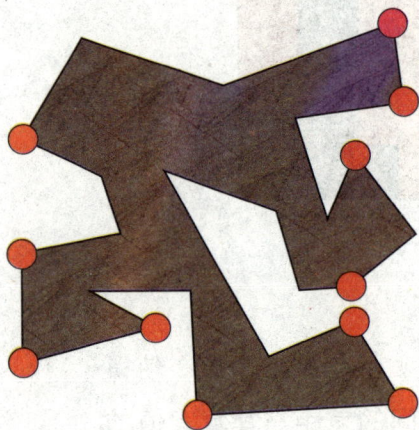

这个形状奇怪的美术馆里一共有24堵墙，在美术馆里的任何一个角落都可以安放监视器。在图中，一共安放了11台监视器。

但是，监视器的安装和维护都非常昂贵，因此美术馆希望安放最少的监视器，同时它们的监视范围能够覆盖到美术馆的每一个角落。问最少需要安放几台？

120 蛋糕片

这块蛋糕被切成18片，而且每一片被分成6块。

这个谜题的目的是将蛋糕片重新编排，使得在这个蛋糕里没有任何一块相同颜色的蛋糕片有接触。

121 三角形与三角形

将最下面的4个彩色图形每种各复制3份,共可得到12个三角形。

问:怎么摆放才能使这12个三角形能够正好填满图中的空白三角形?

122 折叠3张邮票

这一套邮票共3张,你能说出一共有多少种折叠方法吗?

只能沿着邮票的边缘(锯齿)处折叠,最后必须折成3张上下放置。

邮票朝上朝下都没有关系。

3种颜色有6种排列方法。如图所示。

可以折出其中的几种?

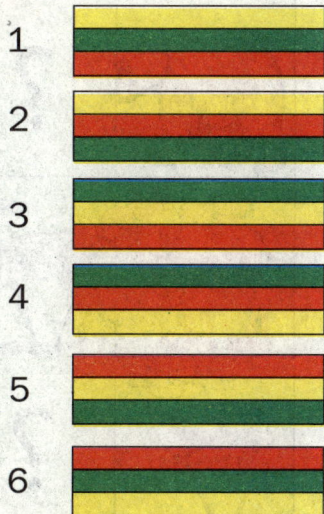

1
2
3
4
5
6

123 加一条线

在下面这个等式中加一条线，使等式成立。

$$5+5+5=550$$

124 动物散步

图中的问号处应该分别填上什么动物？

125 预测地震

X女士正确地预测了去年加利福尼亚的每一次地震，她是怎样做到的？

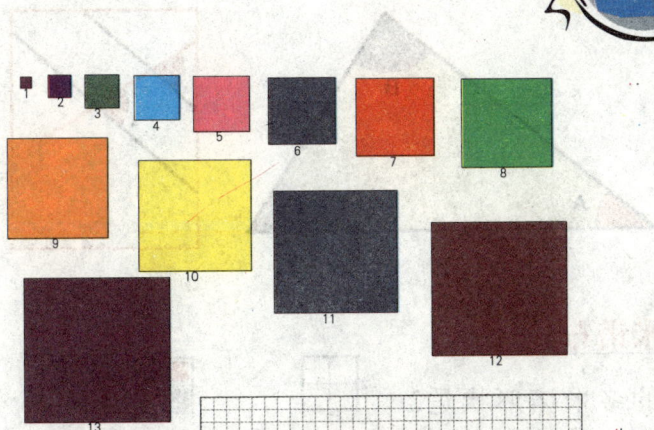

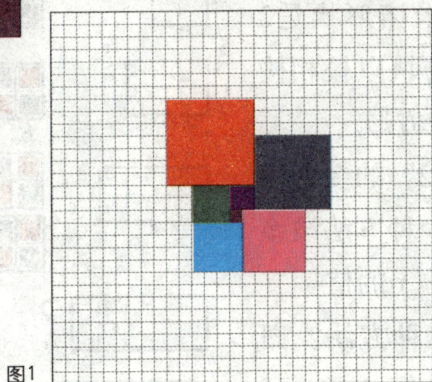

图1

126 螺旋的连续正方形

这里一共有13个连续的正方形，如标号所示。

在图1中，前7个连续的正方形呈螺旋状排列在中心的1×1正方形周围，并且没有空隙。

还有多少个正方形可以以这种螺旋的方式围绕着中心排列进去，把这个平面覆盖住并且不留空隙？

127 三角形的内角

请问你能不能用折纸的方式来证明欧几里得平面里的三角形内角和等于180°？

有没有这样的平面，在该平面上三角形的内角和大于或是小于180°？

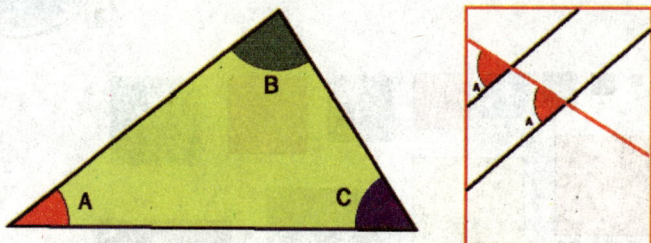

128 多米诺布局

标准的多米诺形状是2个完全相同的方块以棱相接组成的1×2的长方形。

一个"n×2"的多米诺骨牌可以用多少种方法被多米诺骨牌覆盖？n的值一直到10，将有多少种方法？图中多米诺骨牌的颜色是为了方便观察，因此只有当骨牌的布局不一样时我们才将其算做不同的覆盖方式。

n=2、n=3和n=4时不同的覆盖方式如图所示，他们分别有2，3和5种不同的布局。

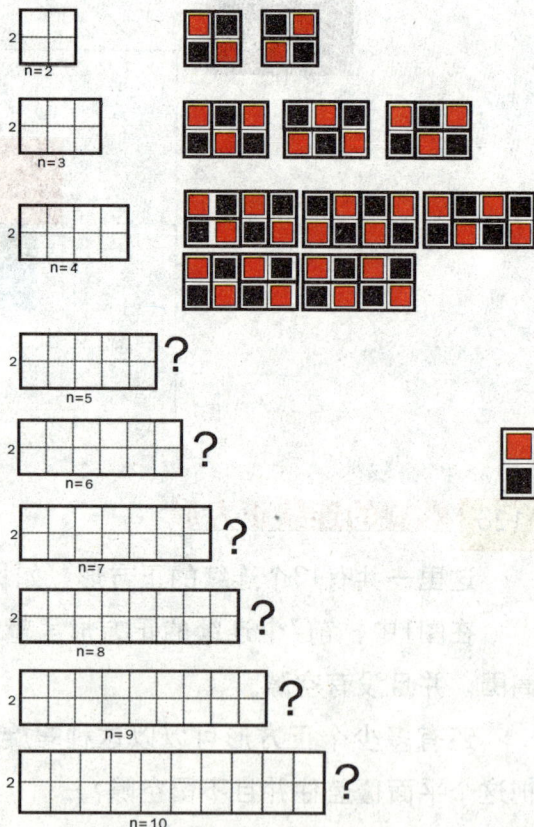

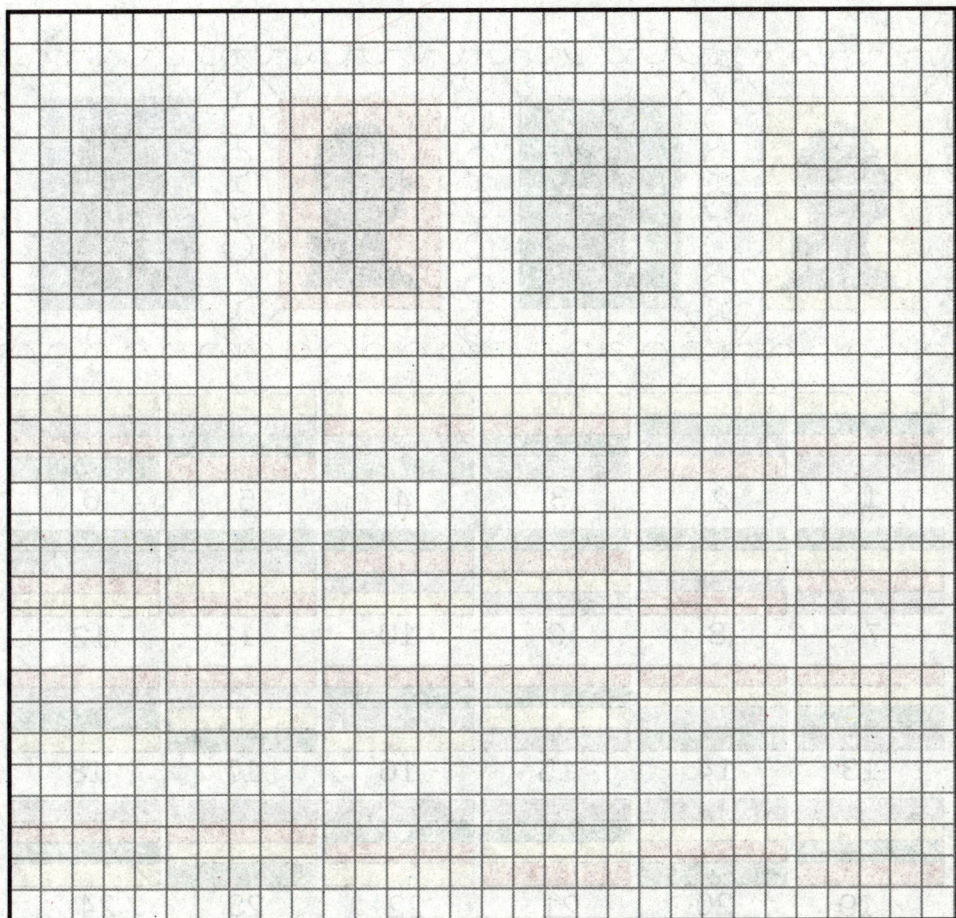

129 长方形游戏

　　用整数1到9分别作为长方形的长和宽，把正方形排除在外，一共可以组成多少个不同的长方形？（答案应该是36个。）

　　你能否把这些长方形都放进上面这个29×30的方框内，而且每两个长方形之间不能重叠？如果不能，你最多能够放入多少个？

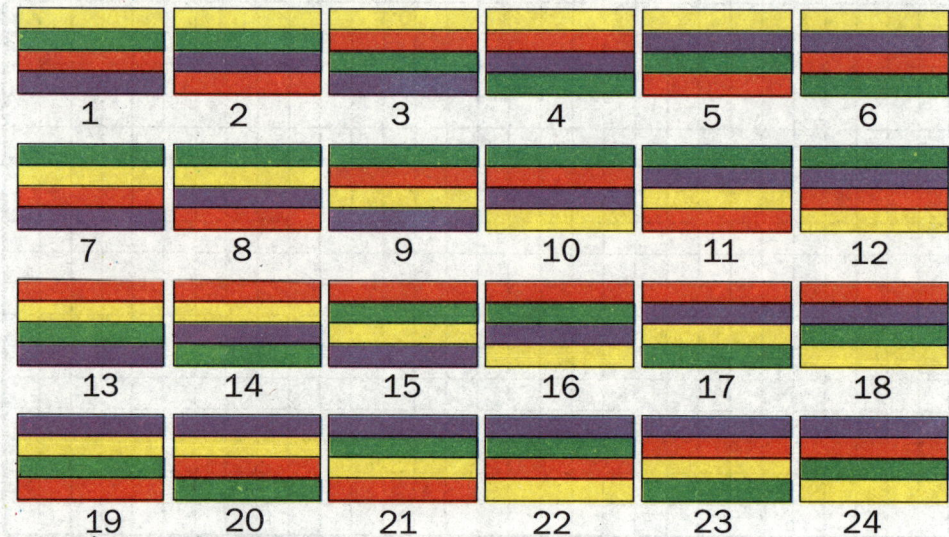

130　折叠4张邮票(1)

如图所示，这一套邮票共4张。你能说出一共有多少种折叠方法吗？

只能沿着邮票的边缘（锯齿）处折叠，最后必须折成 4 张上下放置。邮票朝上朝下都没有关系。

4种颜色有24种排列方法。

可以折出其中的几种？

131　想一个数

随便想一个数。

加上10。

乘以2。

减去6。

除以2。

然后再减去你最开始想的那个数。

结果一定是7。为什么?

132　方块里的图形

所有黑色方块里的图形都能在与它同一横行或者竖行的灰色方框内找到一个与它一模一样的图形。

某一个灰色方块内少了一个图形,你能把它找出来吗?

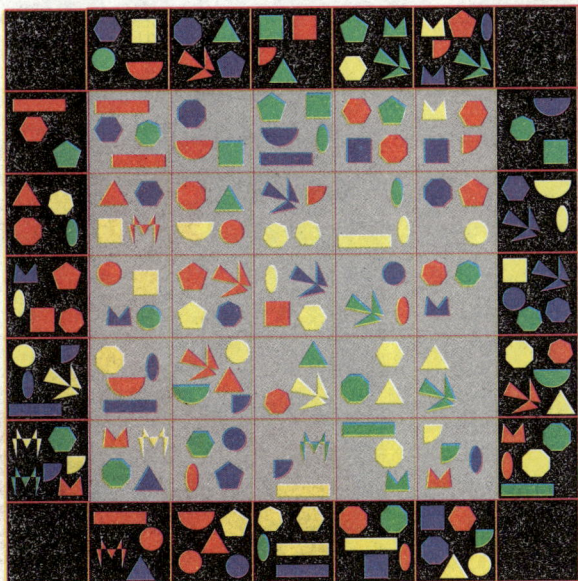

133 看进管子里

这个人是在管子的左边还是右边？

134 连续正方形拼在一个平面上

你可以把下边的24个正方形拼进一个框架是67×98的长方形中，并且保证图形内部没有空隙吗？

135 飞去来器

如图，6个半径为1的半圆组成了这个形状像飞去来器的图形。你能计算出该图形的面积吗？

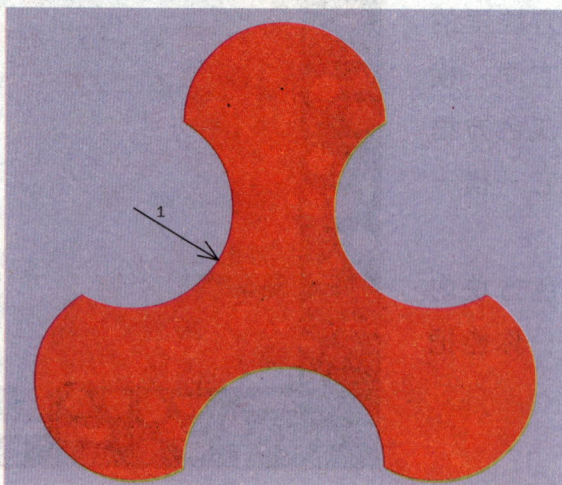

136 成角度的镜子

假设有2面以铰链衔接的平面镜，以成对的彩线所成的角度摆放。

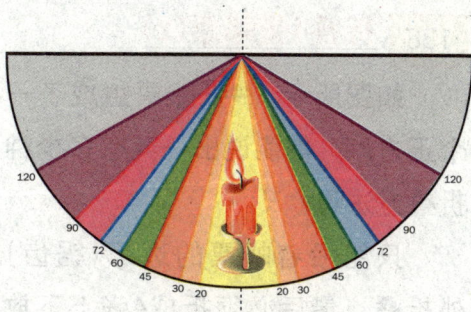

这个铰链衔接的镜子有3个值得注意的效果。

首先，通常的左右互换现象消失了。

其次，你只需要一个很小的东西就能制造出一个万花筒。

最后，通过改变2面镜子之间的角度，你能使被反射的物象加倍并且增多。

你能从不同角度找到多少个燃烧的蜡烛的像（包括原物像）？

137 伐里农平行四边形

上图是3个任意四边形。

把图1中的四边形的4条边的中点连接起来，就形成一个平行四边形。

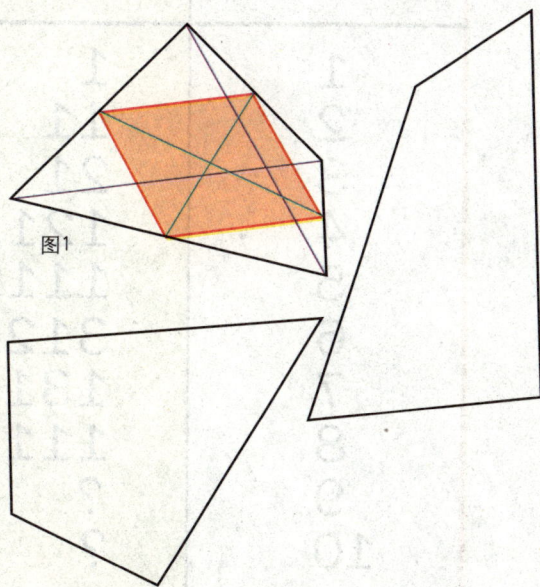

图1

且这个平行四边形的边分别与原四边形的2条对角线平行。

问这个平行四边形与原四边形的面积之间存在什么关系？平行四边形的周长与原四边形的对角线长度又有什么关系？

其他的任意四边形4条边的中点相连也会得到一个平行四边形吗？你可以在所给的另外2个任意四边形上试试。

138 折叠4张邮票(2)

如图所示，4张邮票组成了一个正方形。你能说出一共有多少种折叠方法吗？

只能沿着邮票的边缘（锯齿）处折叠，最后必须折成4张上下放置。邮票朝上朝下都没有关系。

4种颜色有24种排列方法。

可以折出其中的几种？

序数	数
1	1
2	11
3	21
4	1211
5	111221
6	312211
7	13112221
8	1113213211
9	?
10	?

139 类似的数列

一个有趣的数列的前8个数如上图所示。

请问你能否写出该数列的第9个数和第10个数？

140 7只小鸟

7只小鸟住在同一个鸟巢中。它们的生活非常有规律，每一天都有3只小鸟出去觅食。

7天之后，任意2只小鸟都在同一天出去觅食过。

将7只小鸟分别标上序号1～7，请你将它们这7天的觅食安排详细地填在表格中。

时　间	觅食的小鸟序号
第1天	
第2天	
第3天	
第4天	
第5天	
第6天	
第7天	

141 3个人决斗

汤姆、比尔和迈克3个人准备决斗。他们抽签来决定从谁开始，每个人选一个对手，向他射击，直到最后只剩下一个人。

汤姆和比尔的命中率都是100％，而迈克的命中率只有50％。

谁活下来的可能性最大？

142 四边形组成的十二边形

一个十二边形可以被分割成
12个相同的四边形，每个四边形
都是由一个等边三角形和一个正
方形的一半组成。

你能用这12个四边形重新组
成一个十二边形吗？

143 正方形和三角形

下图的凸多边形（从五边形到十边形）都是由全等的三角形和正方
形组成的，现在请问组成十一边形至少需要多少个这样的三角形和正
方形？

144 多米诺棋子

该游戏的棋子以如下方式制作：

首先在所示圆形纸片中沿中心正方形的边剪下外围的1，2或3个弧（边缘是圆的）；

然后给紧挨着被剪切的边的三角形涂上不同的颜色，从黄、红、绿和蓝色中选择；

最后将剩余部分涂黑。

在图1中，3个圆弧已经被剪掉，其相邻的三角形已经用规定的4种颜色中的3种上色。

你能制造出另外27个或者更多不同的多米诺棋子吗（镜像图不算做新的棋子）？

图1

145 级数(1)

上图是下面这个几何级数前10项的直观图：

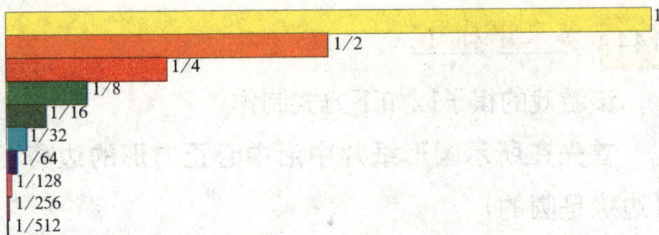

1+ 1/2 +1/4+ 1/8 +1/16 + 1/32 +1/64 +1/128 +1/256+1/512+…+$(1/2)^n$+…

请问随着n的无限增大，这个级数和的极限是多大？

146 折叠6张邮票

如图所示，6张邮票组成了一个 2×3 的长方形。沿着邮票的边缘（锯齿）处折叠可以折出很多种上下组合。

这里给出了4种组合，请问其中哪一种是不可能折成的？

最后折出来邮票朝上朝下都没有关系。

147 冰雹数

随便想一个数。如果是一个奇数，就将它乘以3再加上1；如果是一个偶数，就除以2。

重复这个过程。例如：

1, 4, 2, 1, 4, 2, 1, 4, 2, 1, 4, 2…

2, 1, 4, 2, 1, 4, 2, 1, 4, 2…

3, 10, 5, 16, 8, 4, 2, 1, 4, 2…

我们可以看到，上面的这些数列后面的部分都变成一样的了。

那么是不是不管开头是什么数，到后面都会变成同一串数呢？

试试用7开头，然后再看答案。

第1天		
第2天		
第3天		
第4天		

148 遛狗

9个女孩每天都带着她们各自的宠物狗出去散步。她们每次分3组，每组3个人，4天之中，她们中的任意2个女孩都只有一次被分到同一组。

请问应该怎样给她们分组呢？

149 射击

3个射手轮流射一个靶。但他们可不是什么射击能手。

艾丽丝射5次会中2次。

鲍勃射5次会中2次。

卡门射10次会中3次。

请问在一轮中他们至少有一个人射中靶子的概率是多少？

150 最小的正长方形

一个长方形可以被进一步分割成不同的小正方形吗？

1909年，Z.摩隆发现了一个可以被分成9个不同的正方形的长方形，1940年，图特、布鲁克斯、史密斯和史托恩证明了它是最小的，也就意味着没有更小的长方形可以被分成9个不同的正方形，而且根本没有长方形可以被分成8个或更少的不同的正方形。

最小的正长方形是由边长为1，4，7，8，9，10，14，15和18个单位长度的正方形拼出来的，如图。

你可以用左页的9个正方形不重叠地拼出最小的面积为32×33的正长方形吗？

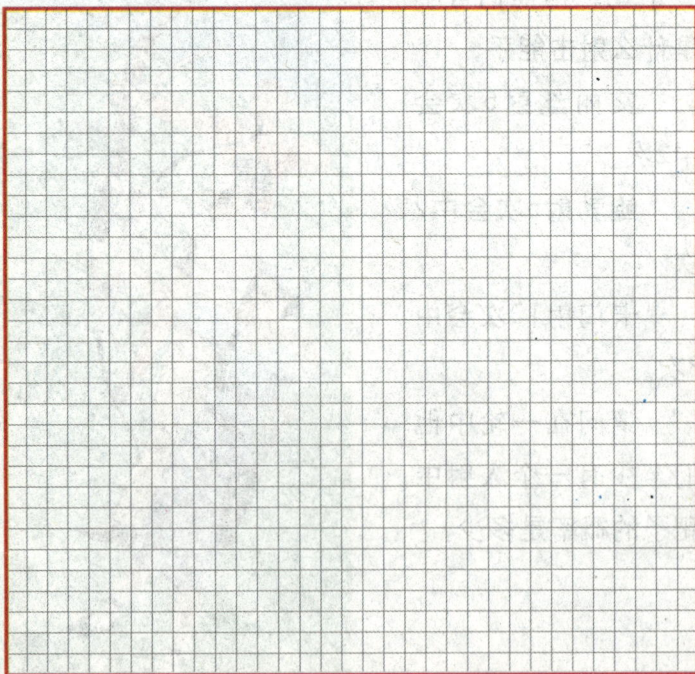

151 瓢虫的位置

一共有19个不同大小的瓢虫，其中17个已经被分别放入了右边的图形中，每个瓢虫均在不同的空间里。

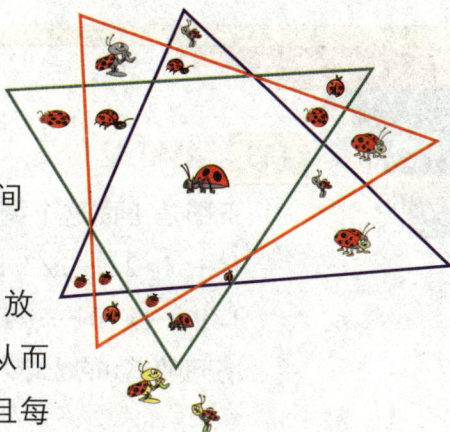

现在要求你改变一下图形的摆放方式，使整个图中多出两个空间，从而能够把19个瓢虫全部都放进去，并且每个瓢虫都在不同的空间里。

152 麦克马洪的彩色方块

一个正方形被它的对角线分成了4部分。

用4种颜色给正方形上色，上色样板如图1所示。

有6种不同的方法给正方形上色（旋转所得的正方形不算做新的正方形）。你能把它们都找出来吗？

你将每一种正方形再复制3份，组成一套24个正方形，将它们剪下来并解决这个经典的题目：

你能否用这一套正方形拼成一个4×6的长方形，要求相邻正方形的边的颜色相同，符合多米诺骨牌风格。

图1

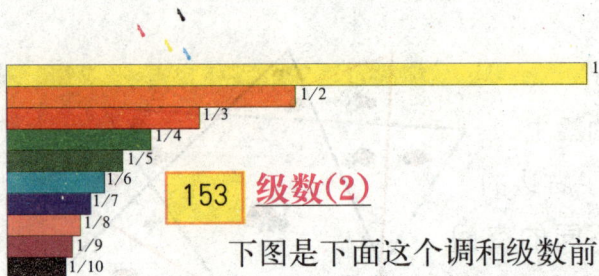

153 级数（2）

下图是下面这个调和级数前10项的直观图：

$$1 + 1/2 + 1/3 + 1/4 + 1/5 + 1/6 + 1/7 + 1/8 + 1/9 + 1/10 + \cdots + 1/n + \cdots$$

请问随着n的无限增大，这个级数和的极限是多大？

154 折叠8张邮票

你能否将这8张邮票沿着锯齿处折叠，使邮票折叠以后从上到下的顺序是图中的1～8？

最后折出来的邮票朝上朝下都没有关系。

155 数的持续度

一个数的"持续度"表示的是通过把该数的各位数字相乘，经过多久可以得到一个一位数。

比如，我们将723这个数的各个数位上的数字相乘，得到 $7 \times 2 \times 3 = 42$。然后再将42的各个数位上的数字相乘，得到8。这里将723变成一位数一共花了2步，所以2就是723的"持续度"。

那么持续度分别为2，3，4，5等的最小的数分别为多少？

是不是每个数通过重复这个过程都可以得到一个一位数呢？

156　小学生的日程安排

15个小学生3人一组去上学，连续7天。

他们的分组情况必须要满足一个条件：在7天中任意2个小学生只有1次被分到同一组。

为了方便起见，我们将这15个小学生分别标上序号1～15，你能根据所给出的条件填写分组表格吗？

一共有7种解法，你能找出其中的一种吗？

157　玩具头

玩具头展示了统计学的"通过一部分样本来推导整体"的方法。

一个玩具头（如图1所示）里面装了60个小球，分别　图1
是绿、黄、蓝、红4种颜色。我们不知道各种颜色的小球分别有多少个。

转动一下玩具头，它就会旋转，里面的小球也会重新混合。每次转动停下来时，它的眼睛、鼻子和嘴巴所显示的都是不同的10个小球的组合。

下面是6次转动玩具头后所得到的结果。

你能够由此推导出里面各种颜色的小球分别有多少个吗？

158 分割正方形

你可以把这个有22部分的大正方形重新拼成两个更小的正方形吗？

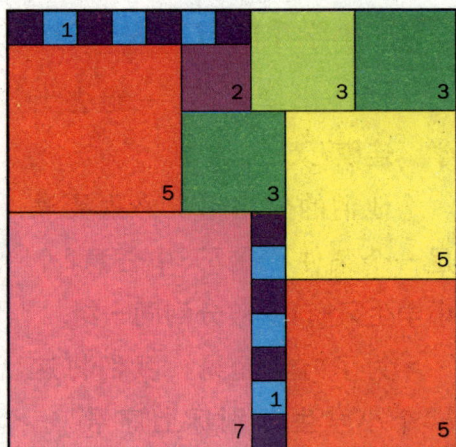

159 绿色与蓝色

图中绿色区域占多大比例？蓝色的区域呢？

160 平衡的天平

图中各个符号分别代表不同的数值。在第3个天平填入恰当的选项，使天平两边保持平衡。

161 锯齿形彩路

这8个棋子的每一条边都包含6种颜色。你能分辨出棋子经过旋转后（不改变它们在游戏板上的位置），哪种颜色能形成一条封闭的环形线路？

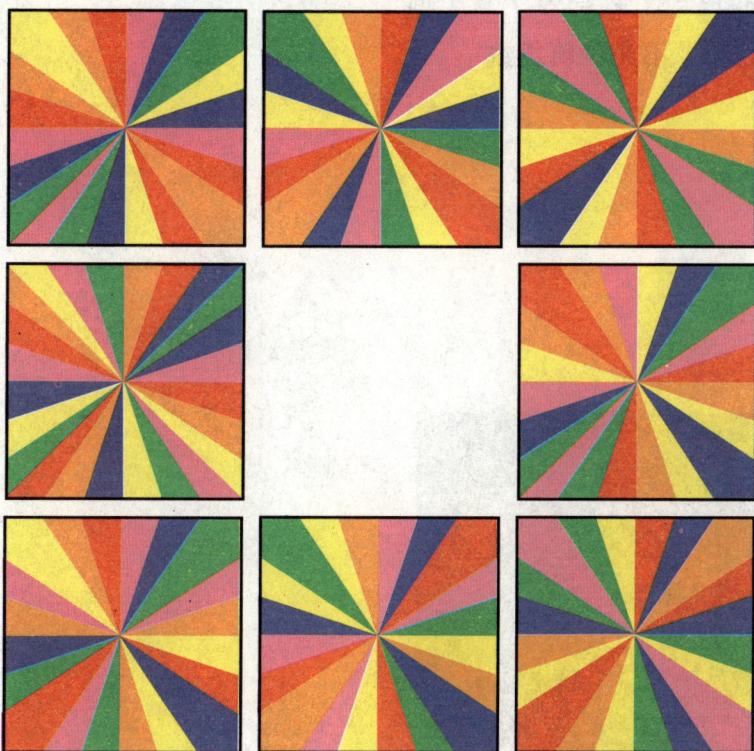

162 折叠报纸

将一张报纸对折，你认为最多可以连续对折多少次？

5次？8次？还是更多？

亲自动手试试！

163 六边形填数

你能否在如图所示的这些小六边形里填上恰当的数，使得三角形中的每一个数都等于它上面两个数之和？不允许填负数！

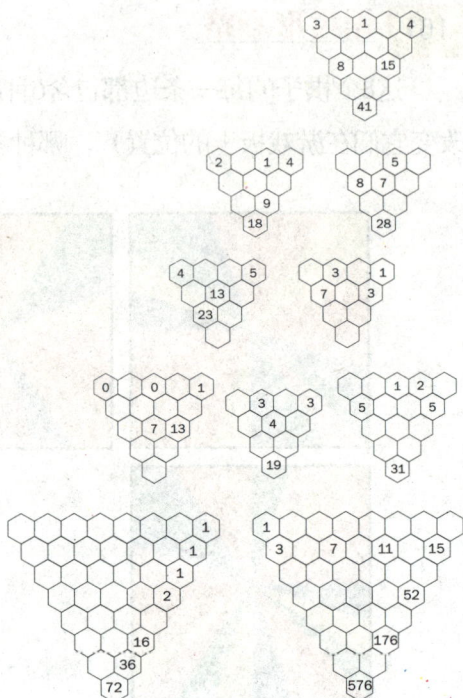

164 猫和老鼠(2)

3只猫和3只老鼠想要过河，但是只有一条船，一次只能容纳2只动物。无论在河的哪一边，猫的数量都不能多于老鼠的数量。

它们可以全部安全过河吗？

船最少需要航行几次才能将它们全都带过河？

RRR
RRW
RWW
WWW

4个弄混了的标签

R代表红色，
W代表白色

1

2

3

4

165 兔子魔术

魔术师将6只白色兔子和6只红色兔子放在4顶帽子里，每顶帽子上面都贴有标签，如图所示。但是这些标签全部都贴错了。 4个选手每个人拿到一顶帽子和帽子上的标签（弄错了的标签）。每个选手可以从他的帽子中拿出2只兔子。要求他们说出自己帽子里的3只兔子的颜色。

第1个选手拿出了2只红色兔子，他说："我知道剩下的1只兔子是什么颜色的了。"第2个选手拿出了1只红色和1只白色的兔子，他说："我也知道剩下的1只兔子是什么颜色的了。" 第3个选手拿出了两只白色兔子，他说："我不知道我帽子里的第3只兔子的颜色。"第4个选手说："我不需要拿兔子。我已经知道我帽子里所有兔子的颜色，而且我也知道了第3个选手的另外1只兔子的颜色。"

他是怎么知道的呢？

166 不可比的长方形

在数学上，两个有整数边的长方形，如果它们互相都不能被放进另一个里面（它们的边是平行的），那么我们称它们为不可比的长方形。

下面一组7个长方形互相不可比，而且可以被拼进一个最小的长方形。

1.你能确定这个可以由7个不可比的长方形拼成的长方形边的比例吗？

2.你能找到这类的图样吗？

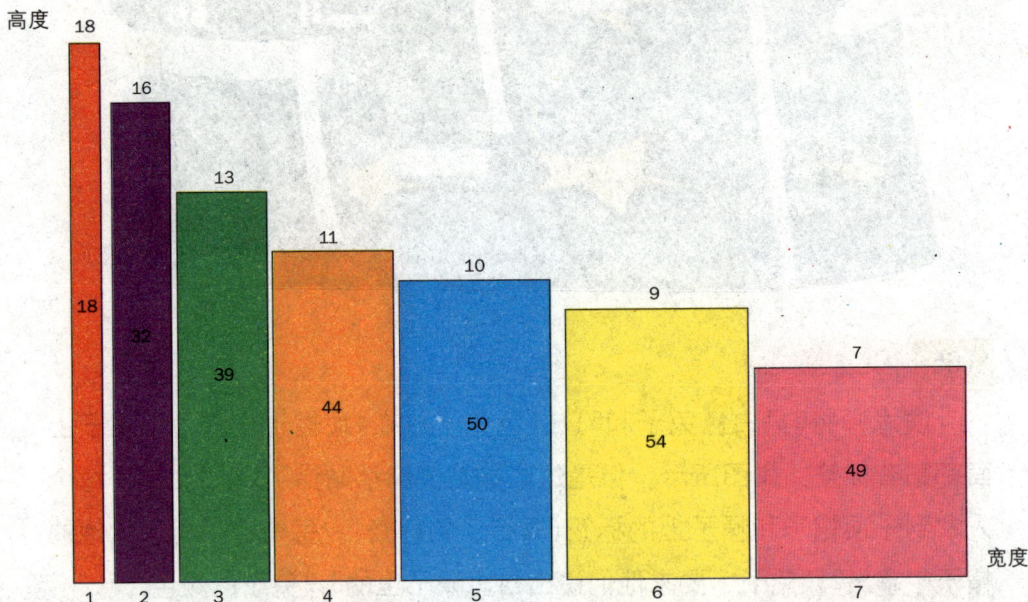

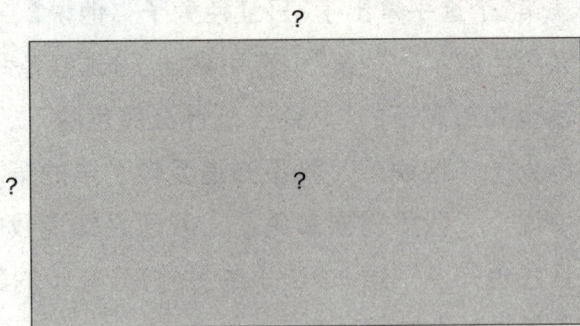

167 图形序列

哪一个选项可以继续这个序列？

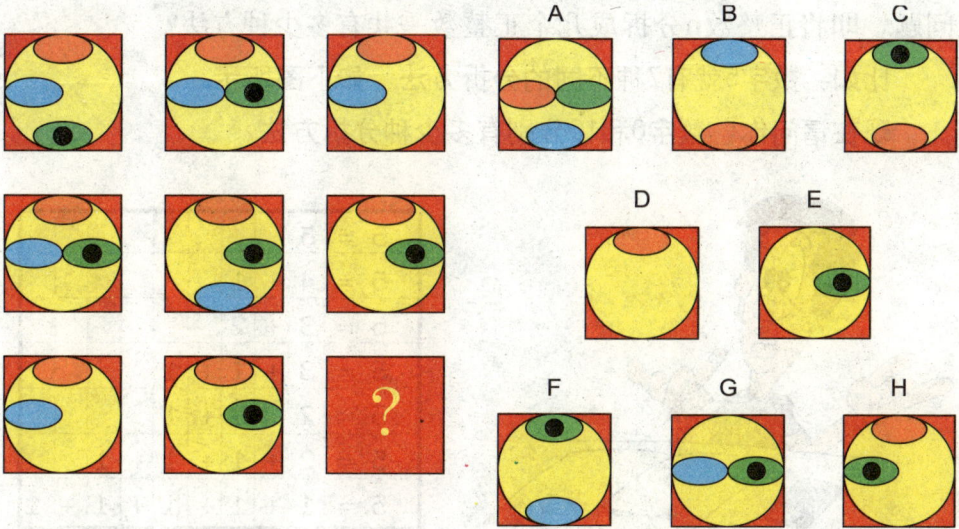

168 下一个图片

4个选项中，哪一个可以完成这组图片？

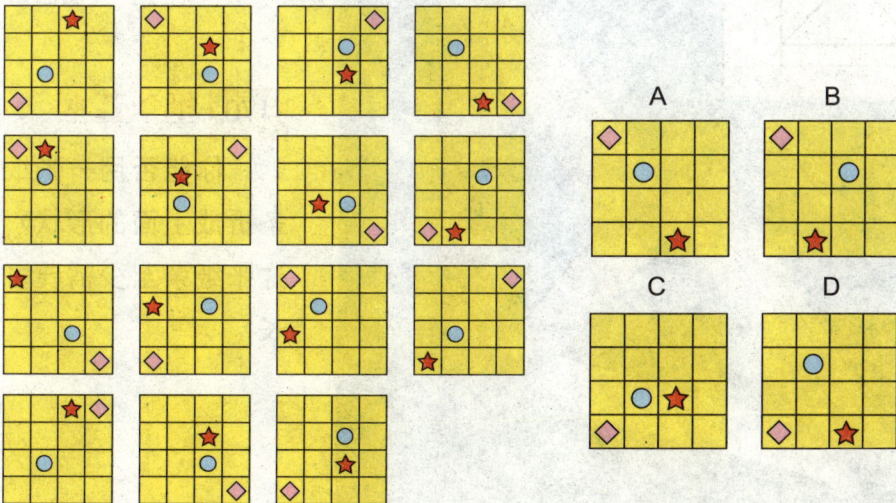

169 数字分拆

高德弗里·哈代和锡里尼哇沙·拉玛奴江共同研究了数字分拆问题，即将正整数n分拆成几个正整数一共有多少种方法？

比如，数字5就有7种不同的分拆方法，如下图所示。

现在请问你：数字6和10分别有多少种分拆方法？

5	=	5				
5	=	4	+	1		
5	=	3	+	2		
5	=	3	+	1	+	1
5	=	2	+	2	+	1
5	=	2	+	1	+	1	+	1
5	=	1	+	1	+	1	+	1	+	1

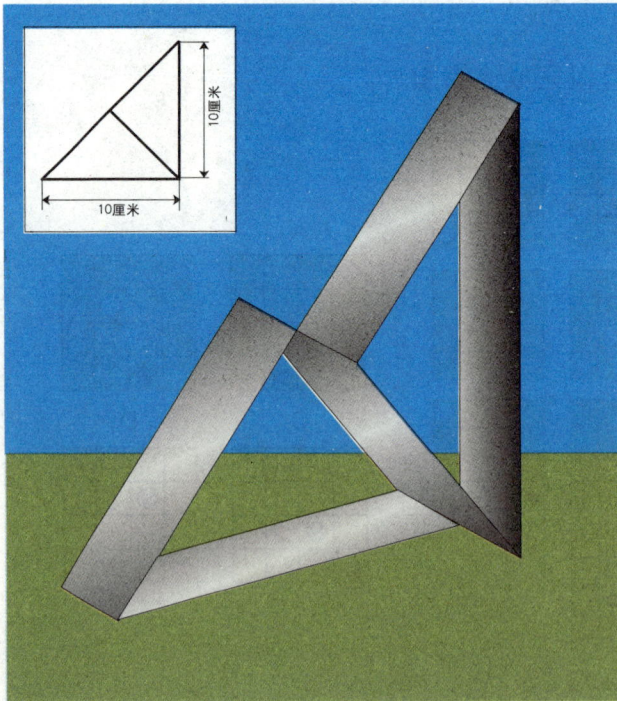

170 纸条艺术

你能否用一张纸条折成上面的形状？这张纸条至少需要多长？

10厘米
10厘米

171 瓢虫花园

在右边的格子里一共藏有13只瓢虫，请你把它们都找出来。

方框里的每朵花上面都写有一个数字，这个数字表示的是它周围的8个格子里所隐藏的瓢虫的总数，见图1。

有花的格子里没有藏瓢虫。

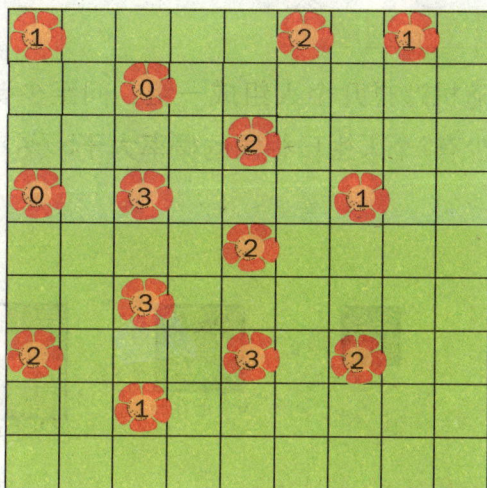

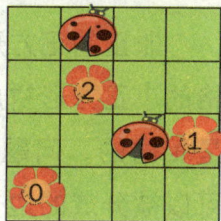

图1

172 纸风车图案

如图所示，每一横行或每一竖行都有6个纸风车，每个纸风车都包含有4种颜色。

你能找出这些图案的规律，并给图中的6个白色纸风车涂上正确的颜色吗？

173 生日问题(1)

随机选择几个人组成一组，问至少要多少人，才可以使这个组里面至少有2个人生日相同的概率大于50%？

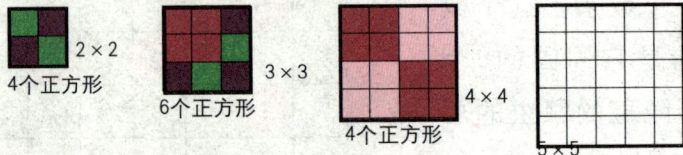

2×2
4个正方形

6个正方形 3×3

4个正方形 4×4

5×5

174 非正的正方形

非正的正方形是由沿着它们的单位格的小正方形拼成的。这些正方形可以是相同的。问题是，边长为n的正方形可以被分成的边长为整数的正方形的最小数目是多少？

图中已经给出了从有2×2个单元格的正方形到有13×13个单元格的正方形。

你能找出每一个非正的正方形可以分割成的最小的正方形的数目吗？

1个2×2的正方形只可以被分成4个小的单位正方形；3×3的正方形可以被分成1个2×2的正方形和5个单位正方形，一共6个；4×4的正方形可以被分成1个3×3的正方形和7个单位正方形，一共8个，但是它也可以被分成4个相同的2×2的正方形，当然这一种解法更好。一般来说，n为偶数时的解法与此类似，但是你会发现对于奇数的正方形来说，问题更加巧妙。

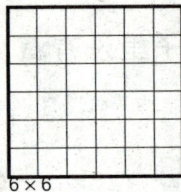

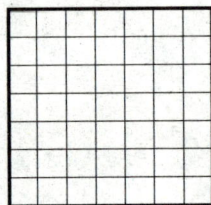

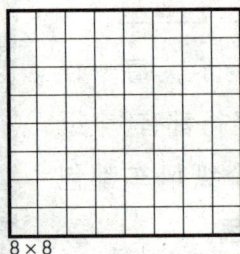

6×6

7×7

8×8

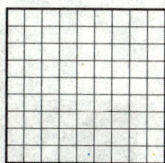

9×9

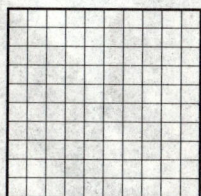

10×10

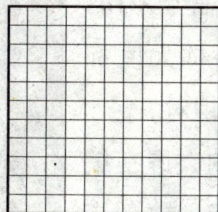

11×11

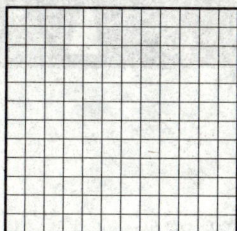

12×12

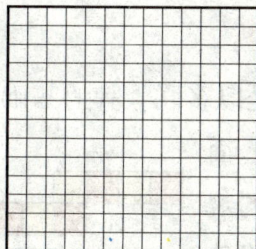

13×13

175 旋转

上面是一些分散的色块，每个色块上都分别有一个顶点将色块钉在白纸上，请你转动这些色块，使它们最终拼成一个英文单词。

91

176 楼号

街的一边上的大厦从1开始按顺序编号,直到街尾,然后从对面街上的大厦开始往回继续编号,到编号为1的大厦对面结束。每栋大厦都与对面的大厦恰好相对。

若编号为121的大厦在编号为294的大厦对面,这条街两边共有多少栋大厦?

177 之字形瓷砖

之字形瓷砖是以多联骨牌为基础而发明的。

你能找出上面这些之字形瓷砖的规律吗?按照这一规律找出所有的瓷砖(包括上图中没有出现的),并告诉我们,接下去的一块瓷砖应该是什么样子的?

问右页的游戏板上最多可以贴上多少块这样的瓷砖(包括上图中没有出现的)?

之字形瓷砖游戏板

178 折叠正方形(1)

将一个大正方形两边对折，折成它1/4大小的小正方形，然后用打孔器在小正方形上打孔，见每行最左边的小正方形。

将小正方形展开，会得到一个对称图形。

你能说出这4个小正方形对应的展开图分别是哪个吗？

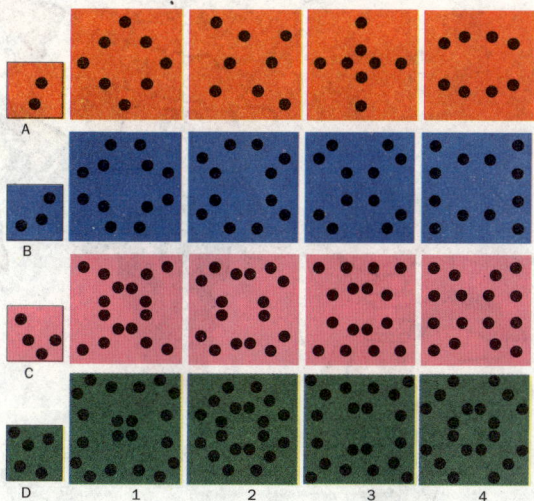

179 数字卡片

有黄红两组数字卡片。请你把它们粘到右边的数字板上，使得横向相邻的两种不同颜色的卡片数字相同。

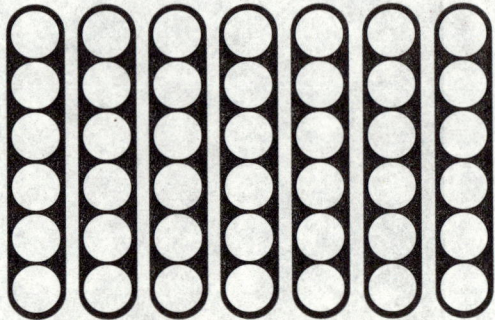

1	2	3	4	5	6	7	8	9	10
11	12	13	14	15	16	17	18	19	20	21

1	2	3	4	5	6	7	8	9	10
11	12	13	14	15	16	17	18	19	20	21

中间的人是亨利。

我是狄克。

中间的人是汤姆。

180 谁是谁

汤姆总是说真话；狄克有时候说真话，有时候说假话；亨利总是说假话。

请问图中的3个人分别是谁？

94

181 <u>生日问题(2)</u>

　　选择一些人与你组成一组，问至少需要多少人，才可以使他们中至少有1个人跟你的生日相同的概率大于50%？

182 **分巧克力**

　　要把这块巧克力分成64块相同的部分，你最少需要切几次？

　　注意：你可以把已经切好的部分放在没有切的巧克力上面。

1

2

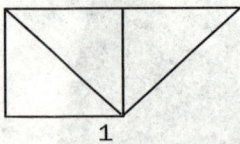

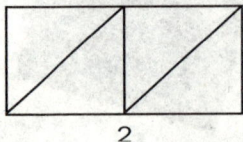

183 隐藏的图形(1)

图形1和图形2分别如左图所示，请问在上图中你能够找到几个图形1和几个图形2？其中图形1和2上面可以允许有其他的线段穿过。

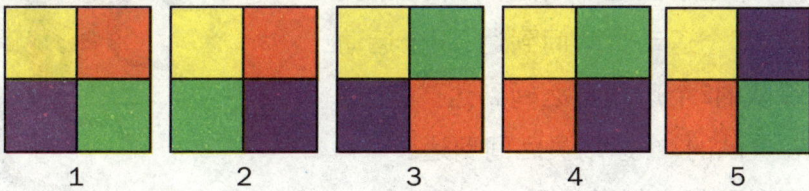

184 彩色方形图

编号1~5的方形卡片中哪1张永远不可能在它们上方的图中找到？

185 折叠正方形(2)

将一个大正方形两边对折，折成它1/4大小的小正方形，然后在小正方形上打洞，如图所示。

将小正方形展开，会得到一个对称图形。

你能说出A，B，C，D 4个小正方形对应的展开图分别是哪个吗？

186 赛跑的名次

如图所示，一共有4队运动员（用4种不同的颜色表示），每队里面有2个运动员。他们同时起跑。

跑到终点的时候，有一个运动员在红队的2个运动员之间到达，2个运动员在蓝队的2个运动员之间到达，3个运动员在绿队的2个运动员之间到达，4个运动员在黄队的2个运动员之间到达。

同时我们也知道最后一个到达终点的是黄队的运动员。

你能将这些运动员到达终点的顺序排列出来吗（按照颜色）？

1. 12句话中有1句是假的。
2. 12句话中有2句是假的。
3. 12句话中有3句是假的。
4. 12句话中有4句是假的。
5. 12句话中有5句是假的。
6. 12句话中有6句是假的。
7. 12句话中有7句是假的。
8. 12句话中有8句是假的。
9. 12句话中有9句是假的。
10. 12句话中有10句是假的。
11. 12句话中有11句是假的。
12. 12句话中有12句是假的。

187 哪一句是真的

上面哪一句话是真的？

188 黑暗中的手套

抽屉里面一共放了2双黄色手套、3双红色手套、4双绿色手套以及5双蓝色手套。这些手套都杂乱地摆放着。

现在要在黑暗中从抽屉里拿出手套，要求至少拿到一双相同颜色的手套，并且左右手配套。请问至少需要从抽屉里拿出多少只手套才能完成任务？

| 2双 | 3双 | 4双 | 5双 |

189 十二边形锯齿

将右图复制并剪下来，分成15个部分，把它们重新排列拼成一个十二边形，使十二边形表面上形成一条闭合的、曲折的线。

190 三分三角形

如图所示，要把一个正三角形三等分非常简单。

现在的要求是沿直线将三角形剪成几片，使各片拼起来能够正好拼成3个一模一样的形状。且剪刀不能通过该三角形的中心。

请问应该怎样剪？

191 彩色正方形棋子

将16块棋子复制并裁下。

打乱这些棋子并尝试创造一个4×4的正方形布局，当中所有相对的面的颜色都必须一样。

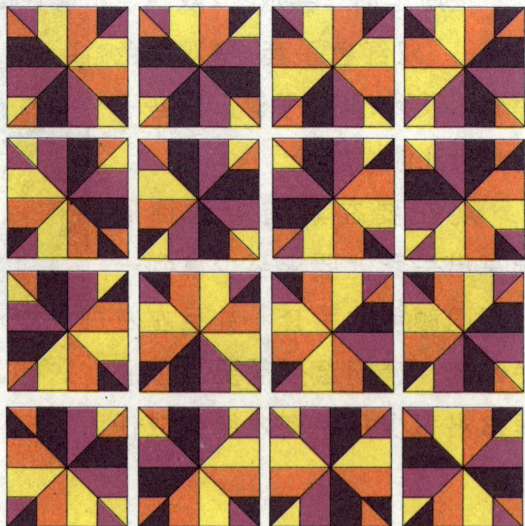

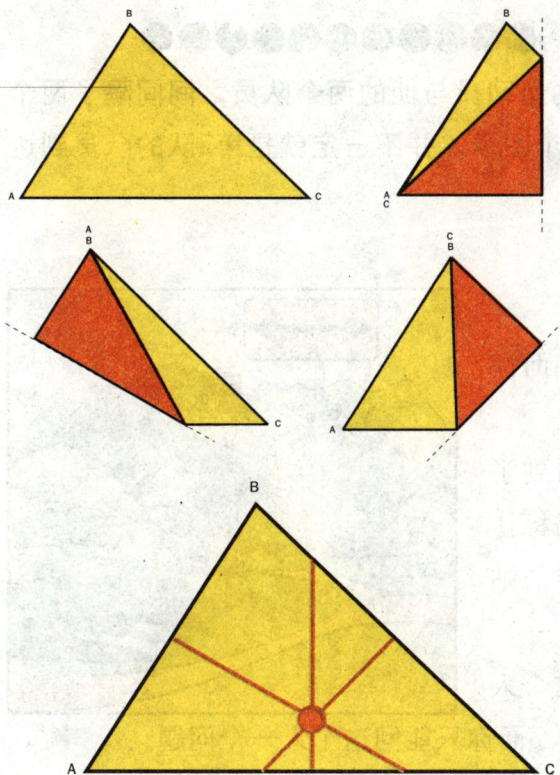

192 神奇的折叠

有一个三角形,一面为黄色,另一面为红色。将三角形的一个角与另一个角对折,如图所示,你会发现这3条折叠线交于一点。

是不是所有的三角形都具有这样的特性呢?

193 3个队员的队

一共有9队运动员,每队里面有3个运动员。每一队运动员都穿着相同颜色的队服。他们到达终点的顺序是这样的:每一队的第2个到达终点的运动员与他的两个队员之间分别相隔了他这一队的序号数个运动员。如下图所示。如果已知第1队的一个运动员是这场比赛的冠军,你能将所有的运动员到达终点的顺序排列出来吗?

第2队的第2个到达终点的运动员与他的两个队员之间间隔了两个其他队的运动员（上面只是一个图示，并不一定就是第2队的队员到达终点的实际排名）。

194 通往真理城的路

真理城的人总是说真话，而谎言城的人总是说假话。

你在去往真理城的路上看到了上面的这个路标，但是这个路标让人摸不着头脑，因此你必须要向站在路标旁边的人问路。

不幸的是，你并不知道这个人究竟是来自真理城还是谎言城，而你只能问这个人一个问题。

你应该问一个什么问题，才能找到通往真理城的路呢？

195 黑暗中的袜子

在抽屉里放了7只红色、7只黄色以及7只绿色的袜子。

在黑暗中，必须要拿多少只袜子才能拿到一双左右脚配套的袜子（任意颜色的都可以）？

7只红色　　7只黄色　　7只绿色

答 案
ANSWER

001.透镜

如下图所示，通过2个正透镜的光线的弯曲度更大，因此2个正透镜会聚光线的能力要比一个正透镜强。

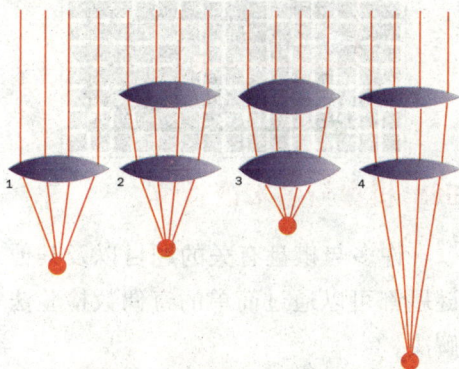

002.图案上色(2)

如图所示，需要4种颜色。

003.相邻的数(1)

如图所示。

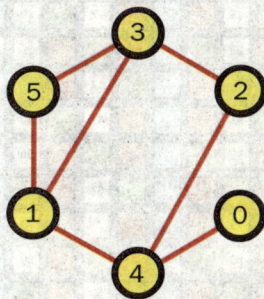

004.埃拉托色尼的筛网法

将2，3，5，7这4个质数的倍数从表格中删掉，剩下的数就是100以内的所有质数。

11的倍数就不用管了，因为例如77=7×11，它已经作为7的倍数被删掉了。再进一步思考，你将发现，如果要找出1到x以内的所有质数，只需要删掉小于以及等于x的平方根的质数的倍数就可以了。

在这道题中，我们需要删掉比100

的平方根（10）小的质数的倍数，即 2，3，5，7的倍数。

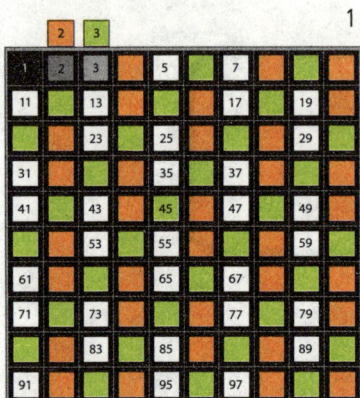

1

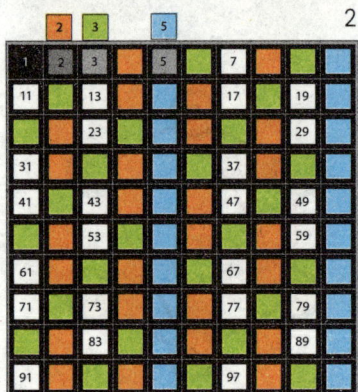

2

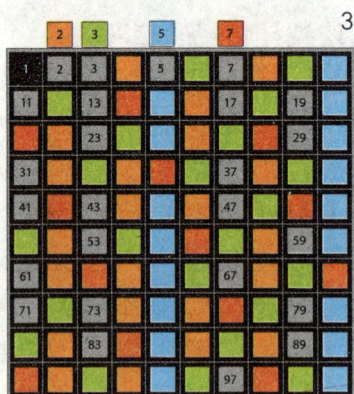

3

005.字母公寓

答案是Q。

006.重组五角星

007.连接色块

该题的解有很多种，下面是其中一种，如图所示。

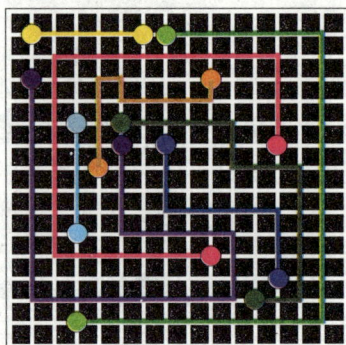

008.棋盘与多米诺骨牌

许多与棋盘有关的题目以及其他谜题都可以通过简单的奇偶数检验法解决。

第一个棋盘中，无论你用什么办法都不能覆盖空缺的棋盘，而证明方法很简单。除空缺块以外，棋盘上有32块黄色方块，但只有30块红色的。一块多米诺骨牌必须覆盖一红一黄的方块，因此第一个棋盘不能用31块多米诺骨牌覆盖。

如果从棋盘中移走2个相同颜色的方块，剩下的方块就不能用多米诺骨牌覆盖。

　　该原理的反面由斯隆基金会主席拉尔夫·戈莫里证明。

　　如果将2个颜色不同的方块从棋盘移出，剩下的部分必然能用多米诺骨牌覆盖。

　　因此只有第二个棋盘能全部用多米诺覆盖。

009.聚集太阳光

　　透镜2和透镜1都是凸透镜，透镜2比透镜1更厚，因此经过透镜2的光线弯曲度更大，会聚太阳光的能力也更强。如下页图所示。

　　透镜3和透镜4都是凹透镜，它们根本不会会聚太阳光，因此它们下面的纸不可能燃起来。

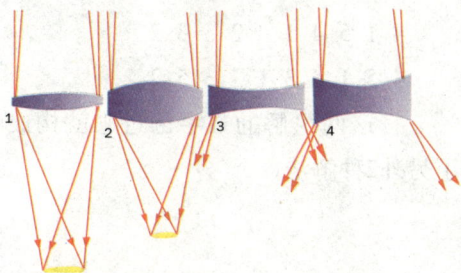

010.移走木框

　　当木框按照正确的顺序移走后，得到的单词是CREATIVITY。

011.相邻的数(2)

　　如图所示。

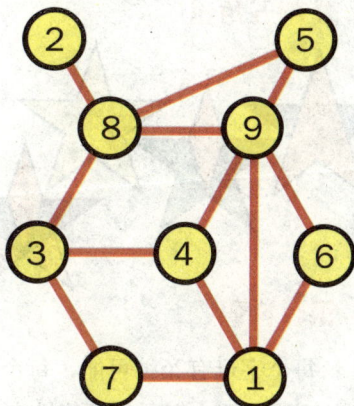

012.所有含"9"的数

　　在前1000个自然数中，有271个数都包含有数字9，即总数的27%。出乎意料的是，前10^{64}个自然数中有99%的数都包含数字9，这个结果可能让我们认为几乎每个数里面都包含有数字9。

　　但是9并不是一个特殊的数字。对于每一个包含9的数，也可以把9换成8（或者7，6，5，4，3，2，1）。因此几乎所有的数都含有每一个数字。

013.3个色子

　　总点数从3到18共有$6×6×6=216$种结果。

　　出现总点数为7共有15种方法(7%)，出现总点数10一共有27种方法(12.5%)。

014.分割五角星

015.银行密码

1.每个字母有26种可能，每个数字有10种可能，那么密码的可能性有：

$P=26×26×26×10×10=26^3×10^2=1757600$ 种。

2.$P=26×25×24×10×9=1404000$ 种。

3.$P=1×25×24×10×9=54000$ 种。

016.六彩星星

017.光的反射

亚历山大时期的希罗发现了光的反射定律：光线射到任意表面上，入射角和出射角相等，即入射光线与法线的夹角等于出射光线与法线的夹角。

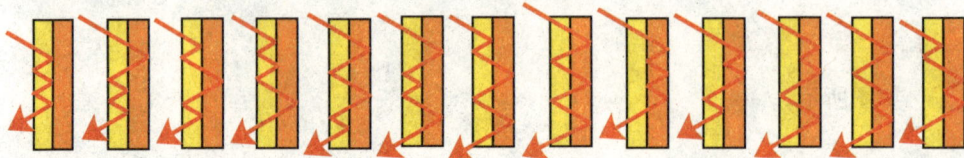

018.正方形里的三角形

如图所示，下面是20个三角形所组成的正方形。这个正方形的4倍就是由80个这样的三角形所组成的正方形。

019.和或差

有2种解法：

4 1 5 4 1 3 2 5 3 2

4 5 1 4 3 1 2 3 5 2

将这两组解的数字倒过来就构成了另外2种解法。

020.数字图案

每个不在最上面一横行和最左边一竖行的数，都等于它上面的数与它左边的数之和再减去它左上角的数。

1	2	5	6	9
3	4	7	8	11
10	11	14	15	18
12	13	16	17	20
19	20	23	24	27

021.堆色子

看不见的那些面的总点数为155。这个结果可以用这10个色子的总点数(21×10=210)减去看得见的点数得到。

022.七角星

023.镜面七巧板

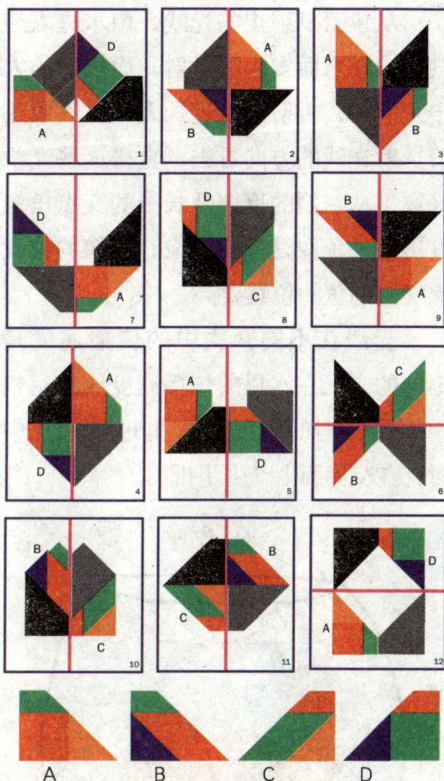

024.伪装

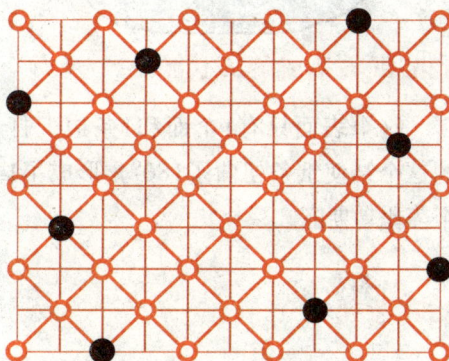

025.金鱼

从鱼身反射出的光线，由水进入空气时，在水面发生了折射，而折射角大于入射角，折射光线进入人眼，人眼逆着折射光线的方向看去，觉得这些光线好像是从它们的反向延长线的交点鱼像鱼像发出来，鱼像是鱼的虚像，鱼像的位置比实际的鱼的位置要高。

光线在不同介质中的传播速度是不同的。光在水里的传播速度比在空气中要慢，同时光线由水里进入空气中时，在交界面上产生了折射。

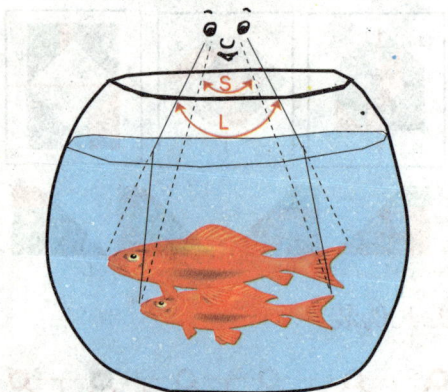

026.纸条构成的五边形

这个表面只有1个面和1条边。打的这个结使纸条扭曲了180°，形成了1个麦比乌斯圈。

027.数列

数列里面去掉了所有的平方数。

028.穿孔卡片游戏

如图所示。将4张卡片重叠，最后每个小正方形里的4个圆圈就分别呈现出4种不同的颜色。

029.有洞的色子立方

看得见的洞(逆时针方向)如下。

上面的洞：4－2－3－6

左边的洞：5－4－1－3

右边的洞：6－2－1－2

看不见的洞如下。

底部的洞：3－5－3－2

左边的洞：5－6－1－2

右边的洞：3－1－3－6

要记住现在的色子都是沿逆时针方向增加点数的。

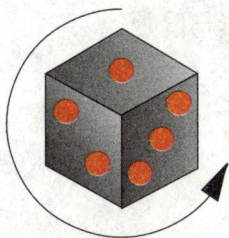

030.神奇的九边形

031.小钉板上的闭合多边形

在3×3的小钉板上不论你怎么连，最终总是会剩下2个钉子；而在5×5的小钉板上则总是会剩下1个钉子；在4×4的板上可以把16个钉子全部用上，一个也不剩。如图所示。

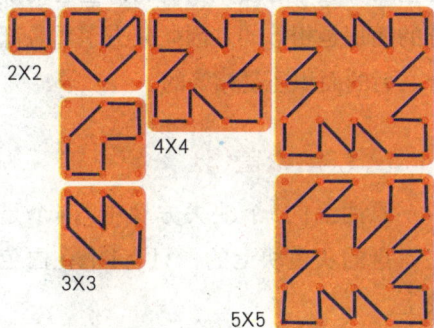

032.多米诺覆盖(1)

033.车的巡游

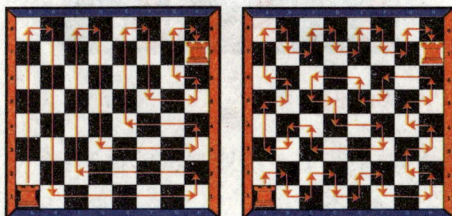

问1 最少21步   问2 最多55步

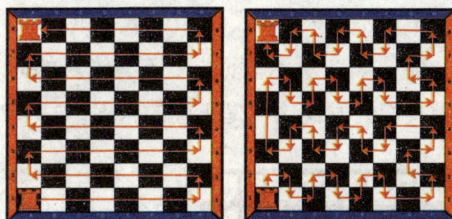

问3 最少15步   问4 最多57步

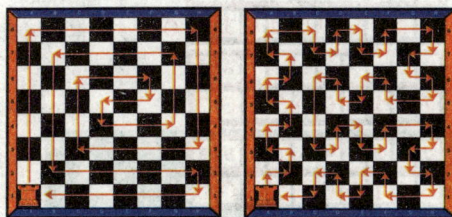

问6 最多56步

109

034.拼图

如图所示，需要移动17步。

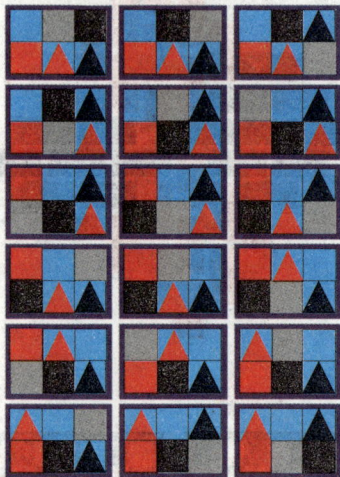

035.自创数

如果我们系统地来试着往第1个格子里放一个数字，从"9"试起，我们就会发现"9"不可以，因为剩下的格子里放不下9个"0"了；"8"和"7"一样，如图所示。而将"6"放入的时候我们会发现这就是正确的答案。

行1 | 0 1 2 3 4 5 6 7 8 9
行2 | 9 0 0 0 0 0 0 0 0 1　0

如果第一个数字是9，剩下的格子里只放得下8个0。

行1 | 0 1 2 3 4 5 6 7 8 9
行2 | 8 1 0 0 0 0 0 0 0 0　0

如果第一个数字是8，剩下的格子里只放得下7个0。

行1 | 0 1 2 3 4 5 6 7 8 9
行2 | 7 2 1 0 0 0 0 0 1 0 0　0

如果第一个数字是7，剩下的格子里只放得下6个0。

行1 | 0 1 2 3 4 5 6 7 8 9
行2 | 6 2 1 0 0 0 1 0 0 0

唯一的解。

036.升旗与降旗

旗子会上升。

037.找错

D

038.星形难题

039.重叠的六边形

4个绿色正六边形的面积之和等于红色正六边形的面积，而它们重叠的部分的面积是相等的，因此减去了重叠部分之后的面积还是相等的。

040.多米诺覆盖(2)

原图上的5个缺失方块中有4个是在棋盘的灰色块上的，只有1个在白色块上。

因此当你放进去最大数目的多米诺骨牌之后，无论你如何摆放骨牌，总会有3个白色块没有被覆盖上。

寻找解法的途径之一是在棋盘上

画出车（国际象棋棋子）的路线图，并用骨牌覆盖它的路线。

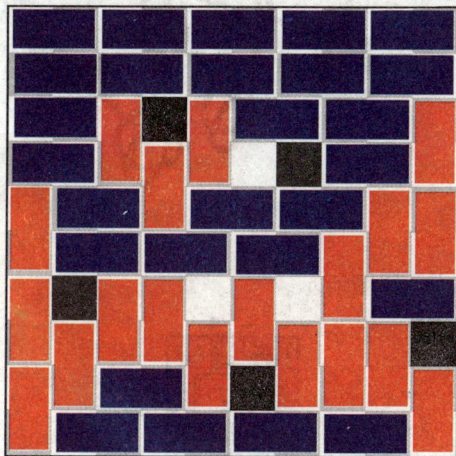

041.迷宫

当你沿着迷宫走时，在路的一侧画线。当你来到一个分岔口时，选择任意一条路。如果你回到前面到过的一个分岔口，转身回到你来时的路。

如果在走一条原来走过的路（即你做的标记在路的另一侧）时，来到了一个前面到过的分岔口，尽可能地走你还没有走过的路；否则就走一条原来走过的路。千万不要进入一条两侧都已经有标记的路。

042.莱昂纳多的结

只用了1条绳子。

043.凯普瑞卡变幻

你最终总是会得到6174。

D.R.凯普瑞卡发现了这一类的数，因此这一类数都以他的名字命名，称为凯普瑞卡数。

如果你以一个两位数开始，结果会是这5个数中的一个：9，81，63，27，45。

如果是以三位数开始，结果会是495。

044.填补空白

C，从左上角开始并按照顺时针方向、以螺旋形向中心移动。7个不同的符号每次按照相同的顺序重复。

045.质数加倍

任意一个整数和它的2倍之间总有一个质数。

046.十二角星

047.拼接三角形

根据组合的公式，从6根棍子里选出3根来有20种可能性：

$$C_n^r = 6! / (3! \times 3!)$$
$$= 6 \times 5 \times 4 \times 3 \times 2 \times 1 /$$

$(3×2×1)×(8×2×1)=720/(6×6)=20$种

　　但是并不是这20种组合都能够拼成三角形，根据"三角形两边之和必须大于第三边"的定理，3-4-7、3-4-8、3-5-8这3种组合都不能组成三角形。

　　所以用这些棍子一共可以拼出17个三角形。

048.连续的多格骨牌方块(1)

　　我们所选择的连续的多格骨牌（每一个多格骨牌都是）使我们能够用许多方法组成一个完美的马赛克的正方形。注意到在这个连续的多格骨牌的解法中，有一种形成的是从中心开始以螺旋状延伸的，该中心周围的多格骨牌以逆时针顺序依次盘旋着加入（指答案中的右下图，顺序为：黄色—橙色—红色—浅绿—深绿—蓝色—紫色—粉色）。

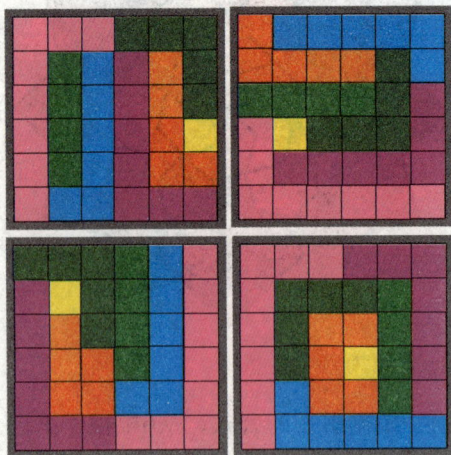

049.有几个结

　　如图所示，绳子拉开之后有2个结。

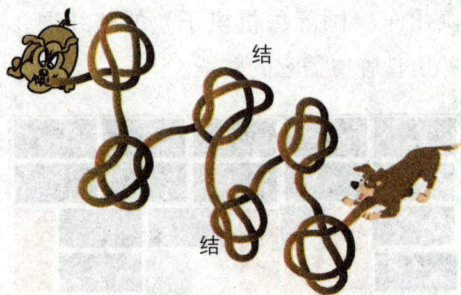

050.立方体迷宫

　　如图所示。

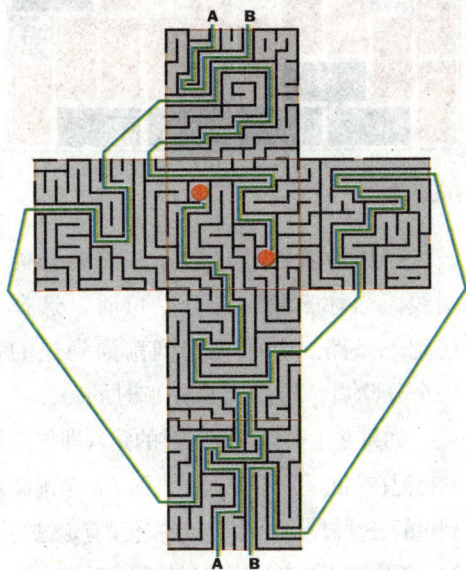

051.扑克牌

　　设有4张牌，前3张的和为21，后3张的和也为21。那么就说明第1张牌和第4张牌一定相等。因此在这些牌中，每隔2张牌都是一样的。

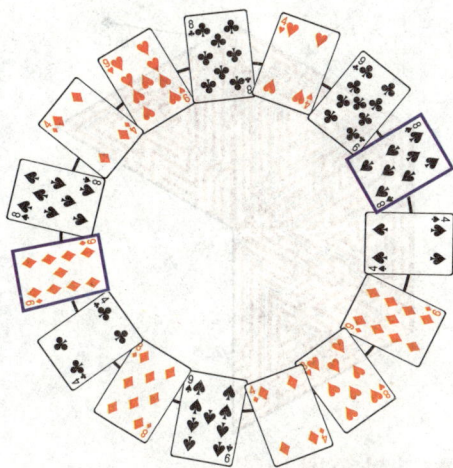

053.宝石

把这个架子倒过来就可以了，如下页图所示。

052.青蛙和王子

秘密就是看下图阴影处的8个方格。如果在这8个方格中，青蛙和王子的数量都是偶数，那么这个游戏最终就是有解的，反之则无解。原因是每一次翻动都会影响到0个或者2个在这个阴影区域的方格，而不可能只影响到奇数个方格。由于你必须在游戏最后让这个区域内所有的方格都显示为同一个图案，因此如果这个区域内青蛙或王子的数量是奇数，那么这个游戏是不可能完成的。根据这个规律，问1无解，问2有解。

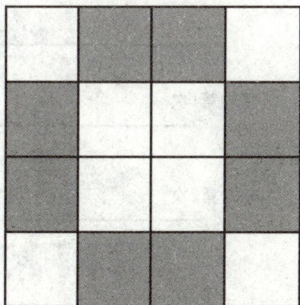

054.五边形的变换

055.连线

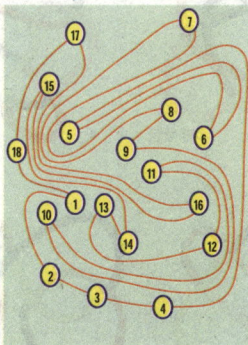

056.连续的多格骨牌方块(2)

对于这组8块连续多米诺骨牌也有很多种解法。最后一种解法（指图中的右下图）是一条顺时针盘旋的解法，这次是向内盘旋的（与288题相比）。

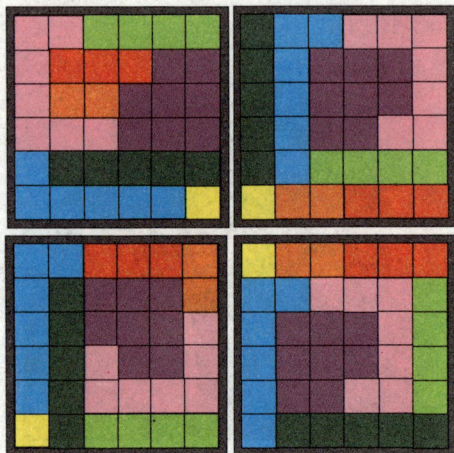

057.结的上色

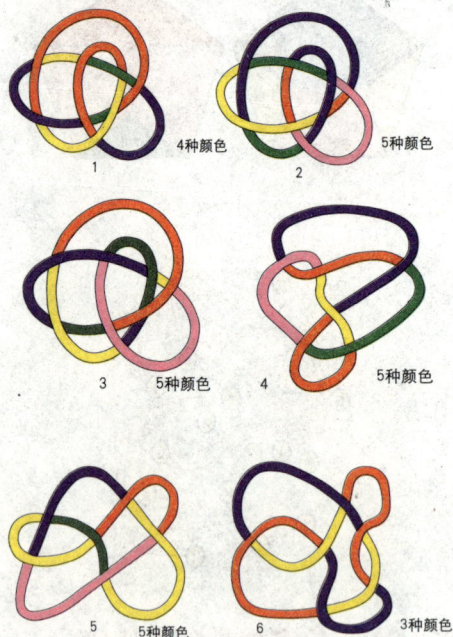

058.金字塔迷宫

如图所示。

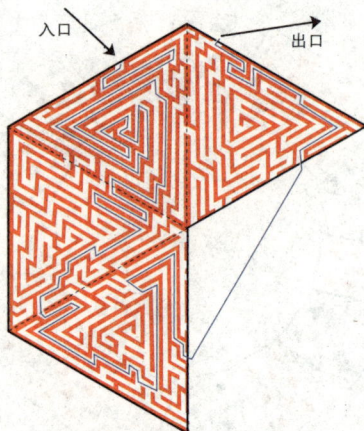

059.计算器故障

一位数有3个：1，2，3。

两位数有3^2个，也就是9个：11，12，13，21，22，23，31，32，33。

三位数有3^3个，也就是27个：111，112，113，121，122，123，131，132，133，211，212，213，221，222，223，231，232，233，311，312，313，321，322，323，331，332，333。

一共可以组成39个数，$3+3^2+3^3=39$。

060.玻璃杯(1)

最少需要3次。

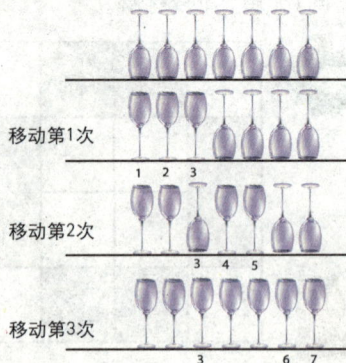

061.掷硬币

每次掷一个硬币会有2种可能的结果。根据下面的基本计算规律，掷5次硬币一共有 $2 \times 2 \times 2 \times 2 \times 2 = 2^5 = 32$ 种结果。

基本计算规律：

2个独立的任务，如果第1个任务有M种可能的完成方法，第2个任务有N种可能的完成方法，那么2个任务就会有 $M \times N$ 种不同的完成方法。

062.帕瑞嘉的正方形

063.小钉板上的四边形

064.镜像射线(1)

A——1　　E——6

B——2　　F——3

C——5　　G——4

D——3　　H——7

065.纸条的结

4与其他5个都不同，其他的都只有1个连续的结，而4是由2个结组成的。

066.卡罗尔的迷宫

这个迷宫是由刘易斯·卡罗尔在他20多岁的时候，给他的弟弟和妹妹设计的。

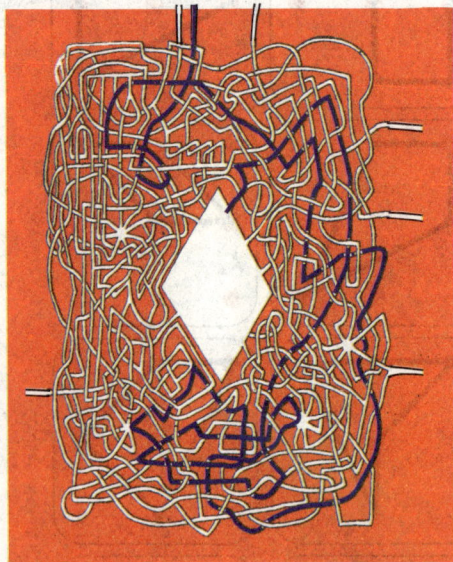

067.回文

希望你没有花太多的力气就得到一个回文顺序的数。

在前10000个数中，只有251个在23步以内不能得到回文顺序的数。曾经有一个猜想说："所有的数最终都会得到一个回文顺序的数。"但是这个猜想后来被证明是错误的。

在前100000个数中，有5996个数从来都不会得到回文顺序的数，第一个这样的数是196。

068.玻璃杯(2)

正放和倒放的杯子的个数都是奇数，而每次翻转杯子的个数是偶数，因此最后不可能将10个（偶数个）杯子都变成相同的放置情况。

奇偶性这个词在数学中首先是被用来区别奇数和偶数的。如果两个数同是奇数或者同是偶数，就可以说它们的奇偶性相同。

每次移动偶数个杯子，这样就保留了图形的奇偶性。

069.掷3枚硬币

这个分析是不对的。　尽管我们已经知道第3枚硬币只有2种结果，但是我们同时也应该把另外2枚硬币的4种不同结果考虑进去。我们可以将所有可能的结果列出来(H表示正面，T表示反面)：

HHH

HHT

HTH

HTT

THH

THT

TTH

TTT

我们可以看到，其中只有2种结果3个硬币是相同的，因此其概率应该是2/8=1/4。

070.埃及绳问题

用埃及绳可以做出大量不同的面积为4个单位的多边形。

有人将这个问题与多联骨牌(由多个大小相同的方块连成,用于一种棋盘游戏)——确切的说是与四格拼板(一种拼板游戏中用的多边形拼合板)联系在一起。这5个四格拼版中的每一个都可以是大量解决方法的基础,剩下要做的只是根据12个相等的长度去加减三角形。用这5个不同的四格拼盘来解决问题的一些方法如图所示。

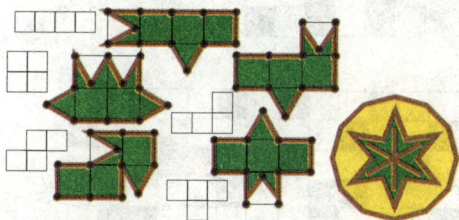

071.数正方形(1)

23个正方形。

072.对结

这2个结不能互相抵消,但是可以挪动位置,使2个结位置互换。

073.镜像射线(2)

A——1　　E——5　　I——2

B——2　　F——5　　J——1

C——3　　G——4

D——3　　H——4

074.蜂巢迷宫

如图所示。

075.4个"4"

20以内唯一不能被这样展开的数是19。如果允许用阶乘的话,也可以把它展开(4!=1×2×3×4),19可以被写成4!-4-(4/4)。

$1 = 44/44$

$2 = 4/4 + 4/4$

$3 = (4+4+4)/4$

$4 = 4(4-4)+4$

$5 = [(4 \times 4)+4]/4$

$6 = 4+[(4+4)/4]$

$7 = 4+4-(4/4)$

$8 = 4+4+4-4$

$9 = 4+4+(4/4)$

$10 = (44-4)/4$

$11 = 44/(\sqrt{4} \times \sqrt{4})$

$12 = (44+4)/4$

$13 = (44/4)+\sqrt{4}$

$14 = 4+4+4+\sqrt{4}$

$15 = (44/4)+4$

$16 = 4+4+4+4$

$17 = (4 \times 4)+4/4$

$18 = (4 \times 4)+4-\sqrt{4}$

$19 = 无解$

$20 = (4 \times 4)+\sqrt{4}+\sqrt{4}$

117

076.变形

如图所示，在图形格子的旁边分别标上数字，这样解决起来就容易得多。首先，将纵向格子的变化用序号标出来，然后再用同样的办法重新排列横向的格子。用同样的转换方式记录下每次变形的方式。

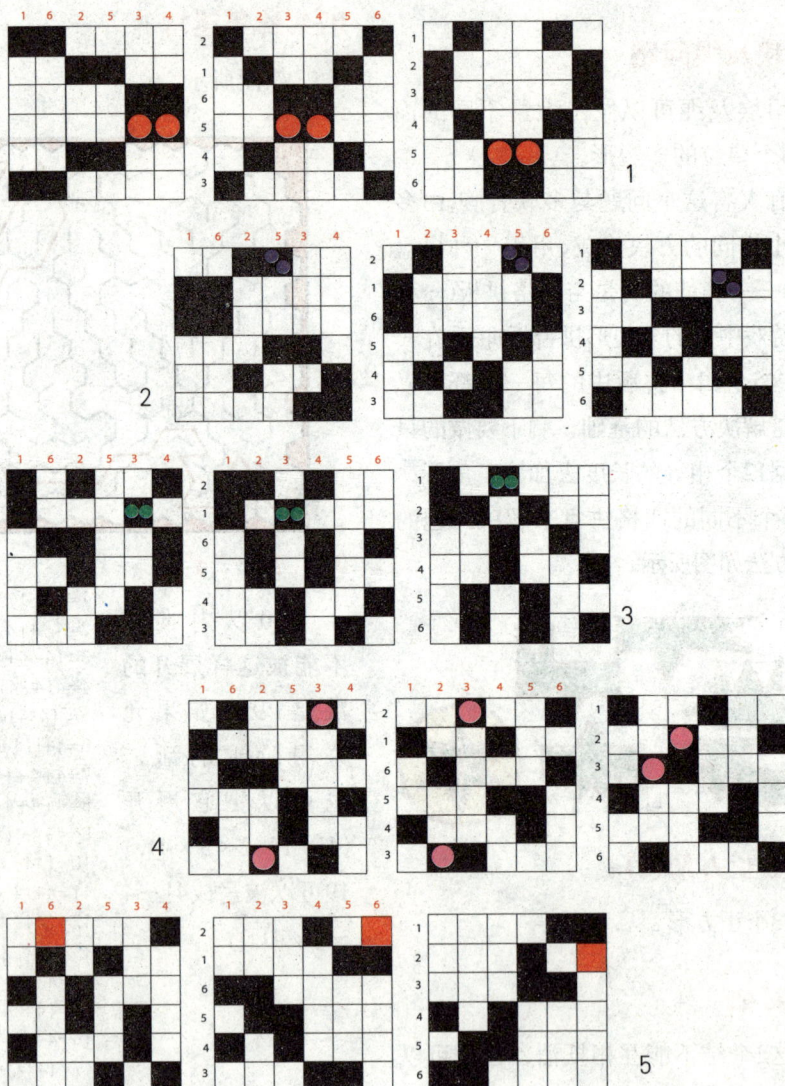

077.掷100次硬币

掷100次全部为正面的概率：

掷到1个正面的概率为：1/2=0.5

掷到2个正面的概率为：1/2×1/2=1/4=0.25

掷到3个正面的概率为：1/2×1/2×1/2=1/8=1.125

掷到100个正面的概率为(1/2)^100

约等于1/10000000000000000000000000000000

00。在理论上是有可能掷到100个正面的，但是在实际操作中基本上不可能，

因为正反都掷到的可能性有太多种。

同样，在实际操作中，出现所给出的任意一种情况的可能性都很小。这些情况出现的可能性都是相同的。

078.反重力圆锥

这两个圆锥的组合体看上去将会开始向上移动，但实际上它是在倾斜的轨道上向下运动，就如我们从这个设计的一个侧面所看到的一样。当这两个圆锥的组合体看起来像是向上移动时，轨道逐渐增加的宽度使它下

119

降，实际上它的重心向下移了。

079.数正方形(2)

50个正方形。

080.海市蜃楼

顶部所显示的景象是由2次反射产生的，如下图所示。

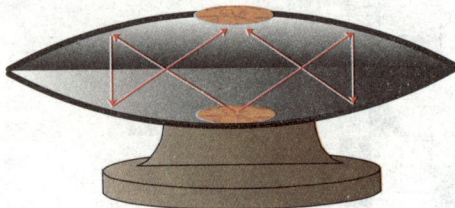

081.不可思议的鸠尾接合

这2块模型是如图所示接合而成的，因此只要斜向滑动就能将这2块模型分开。

082.缺失的正方形

折叠正方形，然后打开，依此类推。正方形的一面是红色，另一面是黄色。

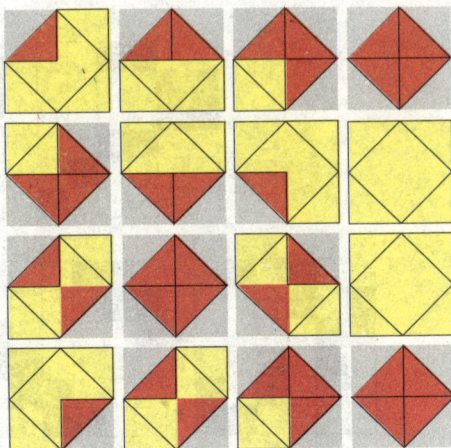

083.4个数

$4 + 4^2 + 4^3 + 4^4 = 340$

084.孩子的年龄

$1 \times 1 \times 3 \times 13 = 39$。

085.概率机

这7个凹槽中，小球的分布与帕斯卡三角形的第6行的分布是相同的：1，6，15，20，15，6，1，其总和为64，等于我们这题中小球的总数。

最后形成的这个结构(如图所示)

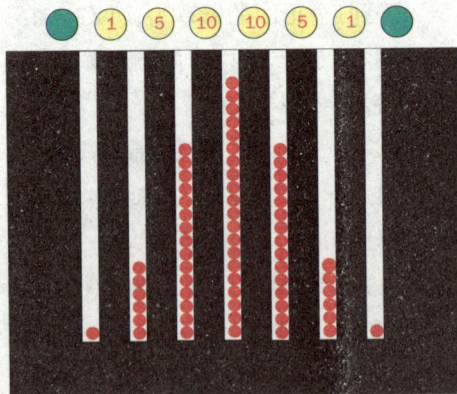

120

接近于著名的高斯曲线，或者叫IQ曲线、标准曲线、钟形曲线、概率曲线，它在现代科学中有着巨大的作用。

086.毕达哥拉斯正方形

087.面积和周长

如下图所示，第1组的4个图形面积相等，第2组的4个图形周长相等。

第1组　　　　　第2组

这两组中的圆的周长和大小都一样，而第2组其他3个图形的面积比第1组的其他3个图形的面积都要小。

088.十二边形模型

不可能由这些颜色块组合而成的是模型3，其中一个大的绿色三角形被换成了红色的三角形。

089.吉他弦

如图所示，琴弦开始振动，4和6处的纸片会掉下来。

090.正方形折叠(1)

每次将4个角往正方形的中心折，你就能得到一个小一些的正方形，依此类推，直到厚得不能再折为止。

091.数列

这个数列包含的数字都是上下颠倒过来也不会改变其数值的数字。

092.父亲和儿子

可能的情况有以下几种：

父亲96岁，儿子69岁；

父亲85岁，儿子58岁；

父亲74岁，儿子47岁；

父亲63岁，儿子36岁；

父亲52岁，儿子25岁；

父亲41岁，儿子14岁。

从图中看，应该是最后一种情况。

093.4个帽子游戏

如图所示，在下面这2个红色帽子中抽到红色小球的可能性最大。

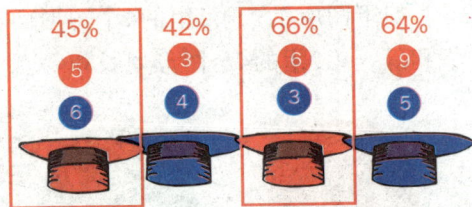

094.把5个正方形拼起来

5个边长为1个单位的正方形可以拼入一个边长是2.707个单位的正方形内。

下面是n(n从1到10)个单位正方形可以拼入的最小面积的正方形。k是正方形的边长。

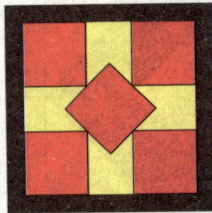

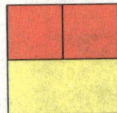
n=1；k=1

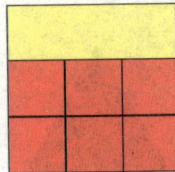
n=2；k=1

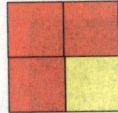
n=3；k=2

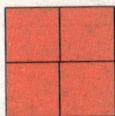
n=4；k=2

n=5；k=2.707

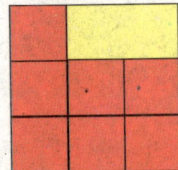
n=6；k=3

n=7；k=3

122

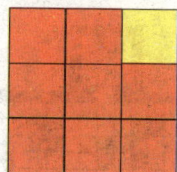
n=8;k=3

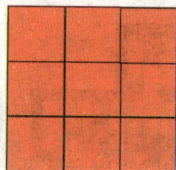
n=9;k=3

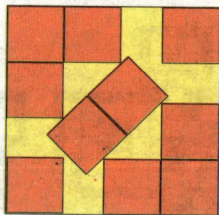
n=10;k=3.707

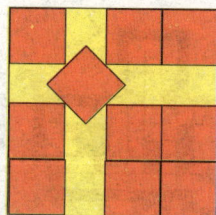
n=10;k=3.707

095.小钉板上的图形面积(1)

7.5个单位面积。

可以把这个红色四边形的面积分成3个直角三角形和中间的3个小正方形。中间的3个小正方形的面积是3个单位面积，而3个直角三角形的面积分别是1.5，1，2个单位面积，因此红色四边形的总面积是3+1.5+1+2=7.5个单位面积。

096.彩色多米诺骨牌（1）

这道谜题的解法被认为是唯一的。显而易见，图1满足谜题的要求；图2则展示解题的布局过程。

图2

097.拼瓷砖

如下图所示，这是解法之一，还可能有其他的解法。

图1

098.滑行方块

如右页图所示，需要23步。

123

开始时的结构

1

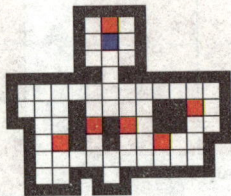

2

3

4

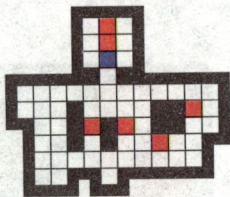

5

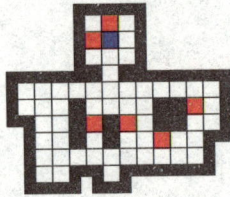

6

7

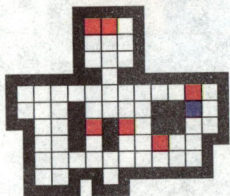

8

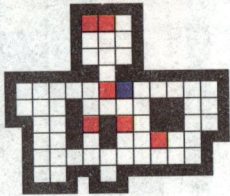

9

10

11

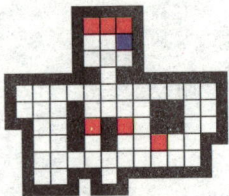

12

13

14

15

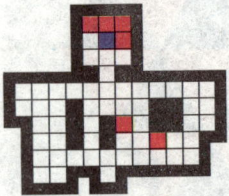

16

17

18

19

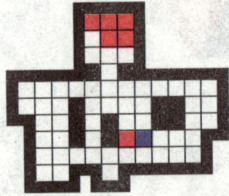

20

21

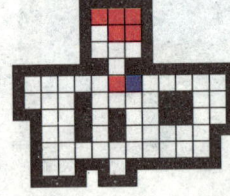

22

23

099.足球

这个足球的1/4重50克，那么这个足球的总重量就是200克。

100.弹子球

刚开始时他们各自有40颗弹子球。

设他们刚开始时的弹子球数为x，2x+35−15=100，因此2x+20=100，2x=80， x=40。

101.2个帽子游戏

出人意料的结果是，这次从蓝色帽子中抽到红色小球的可能性最大。这个悖论也可能出现在实践中。它通常是由变动的组合和大小不等的组结合成一个组所引起的，但是在精确的设计实验中可以避免。

102.组合单位正方形

正方形的边长是3.877个单位长度。倾斜的正方形以40.18°的角度倾斜。

103.小钉板上的图形面积(2)

这4个图形的面积分别是17，9，10，16个单位面积。

335题的方法同样也适用于这一题。不过对于更加复杂的图形可以采用皮克定理，它会让计算变得非常容易。

当我们要计算一个小钉板上的闭合多边形的面积时，我们所要做的就是数出这个多边形内（不包括多边形的边线）的钉子数（N）和多边形的边线上的钉子数（B），多边形的面积就等于：N+B/2−1。

你可以用本题中的例子来验证一下这个公式。

104.彩色多米诺骨牌（2）

有2种可能的答案。

106.哈密尔敦路线

解法之一。

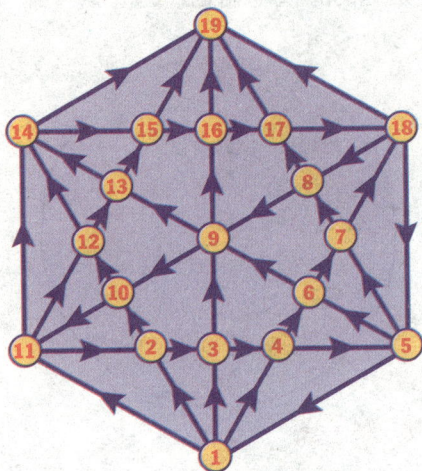

107.数学式子

如下面所示。

$$10^2 = 100$$

$$10$$

$$\frac{10}{\sqrt{10}} = 3.1622777$$

$$\sqrt{10} = 3.1622777$$

$$\frac{\sqrt{10}}{10} = 0.3162277$$

$$\frac{1}{\sqrt{10}} = 0.3162277$$

$$\frac{1}{10\sqrt{10}} = 0.0316227$$

105.颜色相同的六边形

如下图所示，至少需要5种不同的上色方法。

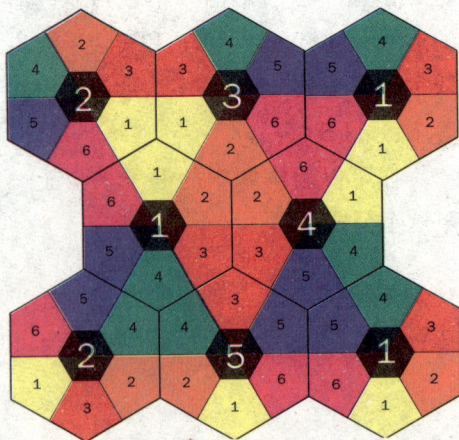

108.木头人

他一次都不会跳。因为他是木头做的，所以完全不可能听到钟响！别忘了我提醒过你这是脑筋急转弯。

109.不幸事件

平均水深并不代表着每一个地方的水深都一样。我们必须要考虑到这个湖不同地方的水深会有差别。

如果这个湖3/4部分的水深都是1英尺(0.3048米)，而剩下的1/4水深9英尺(约2.7米)，那么它的平均水深仍然是3英尺(约0.9米)。

110.用连续的长方形拼起来的正方形

如果前10个正整数是这5个可以被拼成一个正方形的长方形的元素，那么这个正方形的面积一定在110和190之间。正方形的边长应该是11, 12或13。

因为长方形的10个元素完全不同，4个长方形一定包围着一个在中间的长方形。

对于边长为12没有解法。只存在

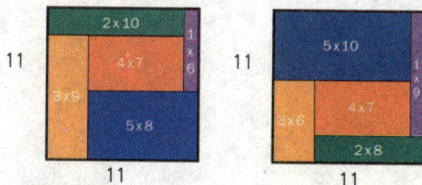

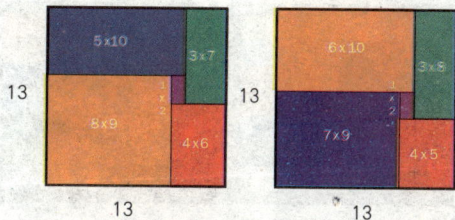

4种解法：两种边长为11，两种边长为13。解法如图所示。

111.多少个三角形

1.1个三角形

2.5个三角形

3.13个三角形

4.27个三角形

5.48个三角形

6.78个三角形

如果n(n为每条边被平均分成的份数)为偶数，三角形的总数将遵循下面这个公式：

$$\frac{n(n+2)(2n+1)}{8}$$

而如果n为奇数，公式应该是：

$$\frac{n(n+2)(2n+1)-1}{8}$$

112.彩色多米诺条

可以用如右页图所示的13种方法解题。

127

113.8个金币

把8个金币分成2部分，一部分6个金币，一部分2个。

不管假币在哪一部分，如下页所示我们只用2步就可以把它找出来：

先将第一部分的金币一边3个分别放在天平的左右两边。如果天平是平衡的，那么假币一定在剩下的2个中。

再将剩下的2个金币分别放在天平的两端，翘起的那一端的金币较轻，这个就是假币。

如果第一步分别将3个金币放在天平的两端，天平是不平衡的，如左图所示，天平右端翘起了，说明右边较轻。那么假币是天平右边所放的3个金币中的1个。

再取这3个金币中的任意2个分别放在天平的两端，如果天平不平衡，那么轻的那一端放的就是假币。

如果天平仍然是平衡的，那么剩下的那个就是假币。

114.哈密尔敦闭合路线

解法之一。

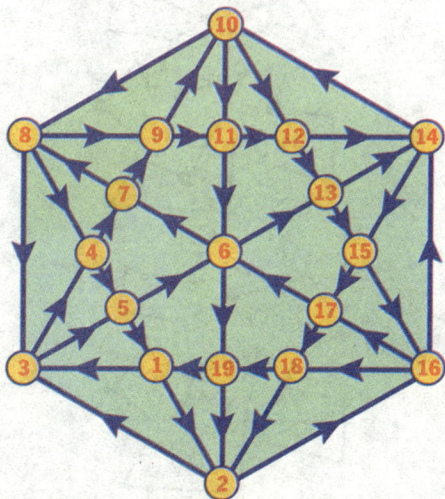

115.11的一半

罗马数字中的11就是这样的，如下图所示。

116.整数长方形

这种结构的大长方形，要么宽是整数，要么高是整数，或者两者都是整数。这一证明是由数学家斯坦·威根完成的。后来，彼得·温克勒在他的著作《数学智力游戏：极品珍藏》中又给出了一种天才的证明方法。

将大长方形里所有宽为整数的绿色小长方形的上下边线用橘色勾勒并加粗。将剩下的橘色小长方形的左右边线用绿色勾勒并加粗。这样处理之后，最后在这个大长方形中至少会出现一条连接两对边的路线——要么是从大长方形的左边到右边的绿色路线，要么是从上边到下边的橘色路线（2种不同颜色的相接处看做其中任意一种颜色，因此最终可能会出现2条相交的路线）。从图中可以看出，这个大长方形只有宽为整数。

用这种方法在你自己设计的长方形里试试！

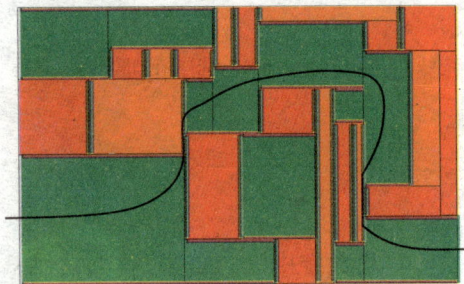

117.X问题

你的第一反应肯定是10，但是在这道题中如果x＝9，那么你的错误率将高于10%。

因此，在这道题中，猜x＝9.9将是最好的答案，猜它的错误率最高只有10，它与9相差0.9，与11相差1.1。

118.把三角形放进正方形

可以放入5个等边三角形的最小正

方形的边长为1.803个单位。

119.萨瓦达美术馆

如图所示，将这个美术馆的平面图分成若干个三角形，每个三角形的顶点分别用3种不同的颜色标注出来，每个三角形所用的3种颜色都相同。最后在出现次数最少的颜色的顶点处安放监视器。

但是这个办法只能帮助我们从理论上知道需要放多少台监视器。

按照这一定理一共需要6台监视器，然而在实际操作中只需要4台就够了。

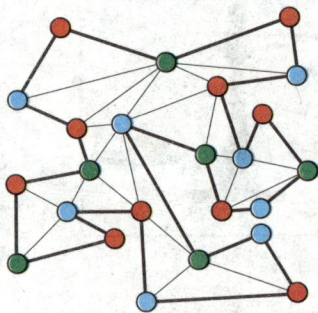

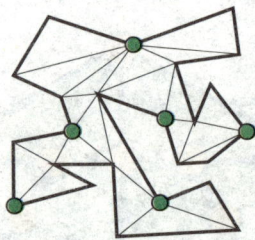

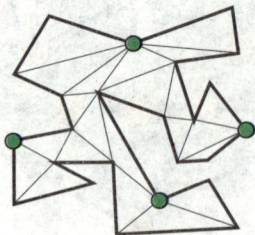

120.蛋糕片

本题答案并不唯一，答案之一如下图所示。

121.三角形与三角形

我们可以利用反向思维。如右下图所示，将三角形的底边3等分，将2个等分点分别用记号笔标注。然后从每个等分点出发分别画4条线段：2条线段分别与三角形的两腰平行，一条线段为等分点与三角形上面的顶点的连线，另一条是与另一等分点与三角形顶点连线相平行的线段。然后沿着这些线段把三角形剪开，这样就得到了12个三角形。

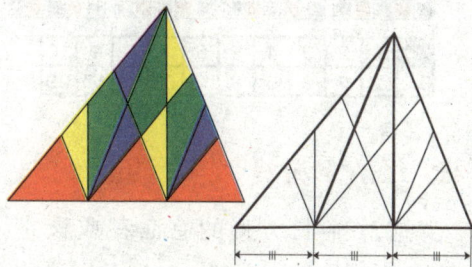

122.折叠3张邮票

6种全部可以折出，如图所示。

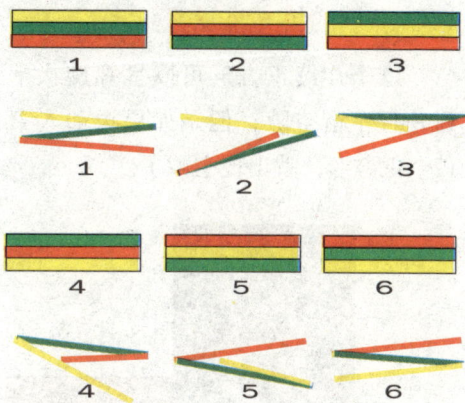

123.加一条线

如图所示。

5*4+5+5=550*

124.动物散步

如图所示，从左下角开始，沿逆时针方向旋转，每4个动物的顺序相同。

125.预测地震

她预测那里365天每天都有地震。

126.螺旋的连续正方形

11个连续正方形可以呈螺旋状排列并且不留空隙，但是如果再加入第12个正方形，就出现空隙了。

127.三角形的内角

如图将三角形的3个角分别向内折，中间形成一个长方形，这样A，B，C三个角加起来正好是一个平角，也就是相加之和等于180°。

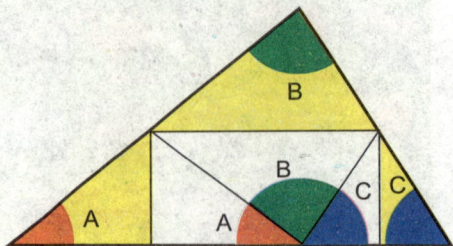

除了欧几里得平面，还存在球面和双曲球面，在球面上的三角形3个内角之和大于180°，而在双曲球面上的三角形内角和则小于180°。

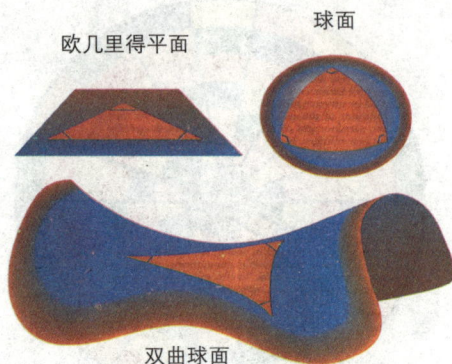

欧几里得平面　　球面

双曲球面

128.多米诺布局

解法的关键是斐波纳契序列。该序列中的每一项是由前2项相加得到的：1，1，2，3，5，8，13…

结果是用骨牌覆盖一块n×2的板的方法总数等于斐波纳契序列中的第n+1项，以F_{n+1}标记。

n	1	2	3	4	5	6	7	8	9	10
F_{n+1}	1	2	3	5	8	13	21	34	55	89

129.长方形游戏

这36个长方形的总面积应该是870，正好等于一个29×30的长方形的面积。下面给出了一种最佳方案，但是有一个1×3的长方形没有放进去。你可以做得更好吗？

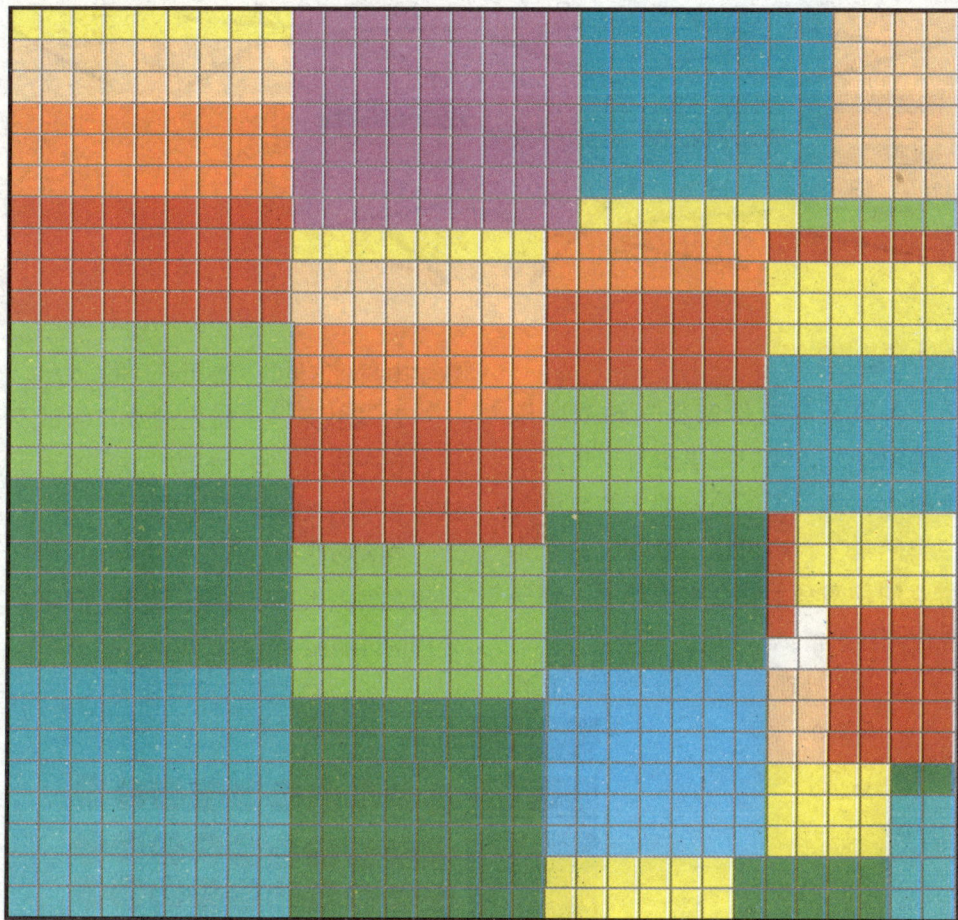

130.折叠4张邮票(1)

可以折出16种。

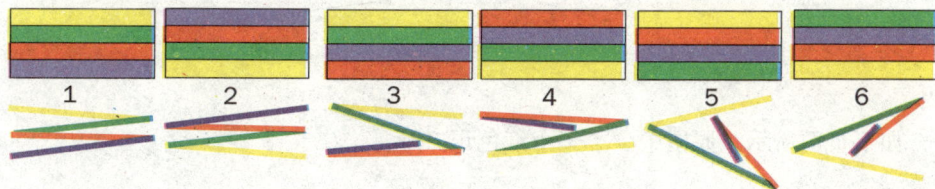

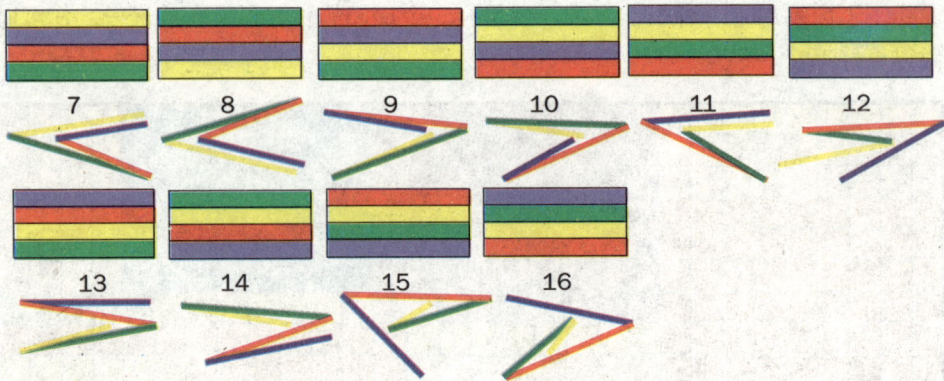

131.想一个数

古埃及的数学家将未知数叫做"黑匣子"，我们这里也可以借用这个概念，我们把不确定的未知数称为"黑匣子"。运用这个概念，这个小游戏的秘密马上就会被破解了。你要完成两件事情：

1.你要处理一个未知的变量。在代数学中我们这里的"黑匣子"用x表示。

2.与找某一个特定的数来测试不同，你应该用一种一般的方式，来表示这个思维游戏的结果总是7。

在代数学中，有很多复杂的证明可以用几何图表直观地表示出来，使这个定理的证明能够一目了然。

132.方块里的图形

如下页图所示，原图中少了一个红色正方形。

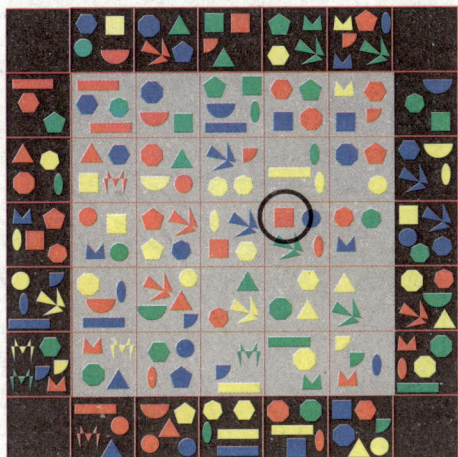

135. 飞去来器

该图形可以通过移动拼成一个正六边形，那么我们只要算出这个正六边形的面积，就可以得到原图形的面积。这个正六边形是由6个正三角形组成的，如右图所示。因此所求图形的面积=6×正三角形面积，即：

$$6 \times \frac{1}{2} \times 底 \times 高$$
$$=6 \times (\frac{1}{2} \times 2 \times \sqrt{2^2-1^2})=6$$

133. 看进管子里

盯着图看，这个人一会儿在管子左边，一会儿在管子右边。

134. 连续正方形拼在一个平面上

如下图所示，这是一种可能的排列方法。

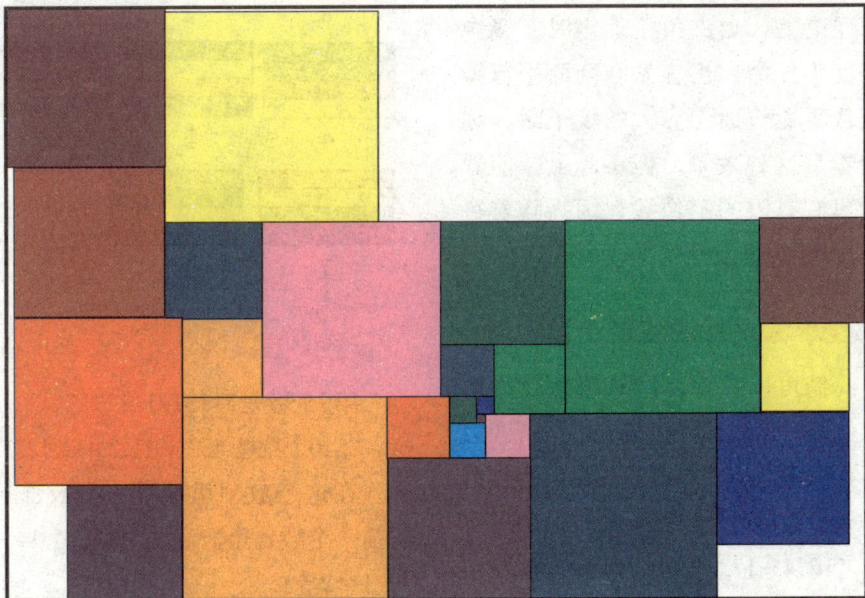

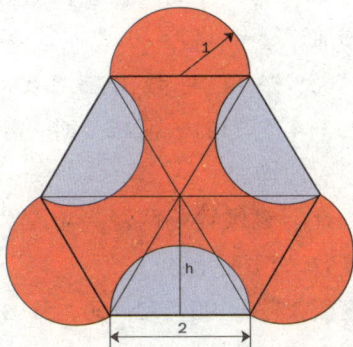

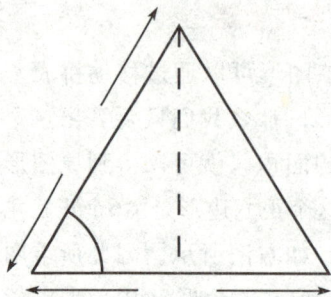

伐里农平行四边形的面积是原四边形的面积的一半，而它的周长则等于原四边形2条对角线的长度之和。

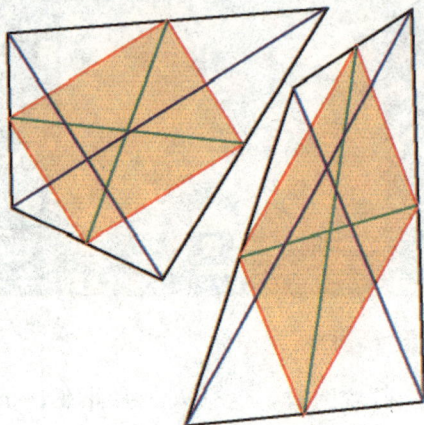

136. 成角度的镜子

当镜子之间角度减小时，放在两面镜子之间的物体的多重镜像的数目将会增加。

每次夹角度数以360／N（N＝2，3，4，5…）的数值减少时，镜像数目会对应增加。

因此，镜像数是两镜夹角度数的一个函数，如下所示：

夹角度数：120，90，72，60，51.4

镜像数：　3，4，　5，　6，　7

理论上，当夹角接近零时，镜像数将变为无穷。当你站在两面平行镜之间或者看一面无穷大的镜子时，你就会看到这种效果。但实际上，能看到的只有有限的镜像数，因为随着每次反射，镜像将逐渐变得微弱。

137. 伐里农平行四边形

我们可以发现，所有任意四边形四边中点的连线都会组成一个平行四边形，我们将这个平行四边形称之为伐里农平行四边形，是以数学家皮埃尔·伐里农（1654～1722）的名字命名的。

138. 折叠4张邮票(2)

可以折出8种。

139. 类似的数列

第9个数是311312211131221。

第10个数是 13211311123113112211。

在这个数列里的每一个数都是描述前一个数各个数字的个数(3个1，1个3，1个2等)

这个数列里的数很快就变得非常大，而且这个数列里的数字不会超过3。比如，这个数列里的第16个数包含102个数字，而第27个数包含2012个数字。

这个数列是由德国数学家马利欧·西格麦尔于1980年发明的。

140.7只小鸟

时 间	觅食的小鸟序号		
第1天	1	2	3
第2天	1	4	5
第3天	1	6	7
第4天	2	4	6
第5天	2	5	7
第6天	3	4	7
第7天	3	5	6

141.3个人决斗

这个问题是博弈论的一个例子。博弈论诞生于1927年，当时约翰·冯·诺依曼认识到在经济、政治、军事以及其他领域的决策与很多数学游戏的策略是相似的。他认为游戏上的这些策略可以应用到现实生活中。他与经济学家奥斯卡·摩根斯坦一起出版了《博弈论与经济行为》。

博弈论的很多结果都与我们的直觉相悖。比如说，在这道题中，迈克活下来的可能性最大，是汤姆和比尔的2倍。为什么呢？

汤姆和比尔最开始肯定会选择向对方射击(因为对方是自己最大的威胁)，而接下来迈克则将射击活下来的那个人。他射中的概率为50%(从而成为最后的赢家)，射不中的概率也为50%(最后被别人射中身亡)。

现在我们来分析一下这个有趣的结果：

如果迈克最先射击，他一定会故意射不中。因为如果他射死了其中一个人，那么另一个人就会把他射死。

因此事实上需要考虑的只有2种情况：

汤姆先射杀掉比尔，或者反过来比尔先射死汤姆。

这两种情况下迈克有50%的可能性能够射死幸存下来的那个人，因此他活下来的概率为50%。

汤姆如果先开枪，他活下来的概率为50%；如果比尔先开枪，那么他活下来的可能性为0。由于有50%的可能性是比尔先开枪，因此汤姆活下来的可能性为$1/2 \times 1/2 = 1/4 = 25\%$；比尔活下来的可能性也是如此。

142.四边形组成的十二边形

我们应该观察得出来，在这个十二

边形外边再加上12个图片，又会使它成为更大的十二边形，而且这样的图片可以使这个平面无限扩展开去。

143.正方形和三角形

如图所示，至少需要7个正方形和13个三角形；其中由6个正三角形所组成的凸五边形可以用来作为十一边形的核心。

144.多米诺棋子

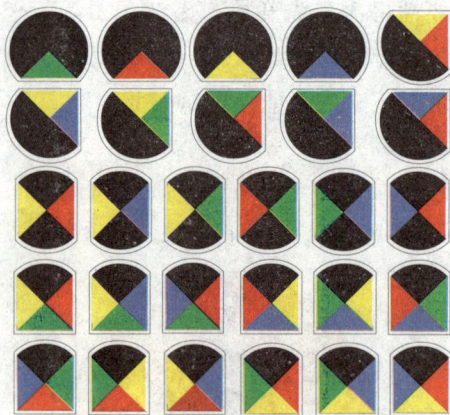

145.级数(1)

在题中的几何级数中，无论n如何

增大，级数和都不会达到2，也就是说这个级数和的极限是2。

146.折叠6张邮票

第3种折叠方法是不可能的。

因为斜向相邻的颜色折叠以后不可能相邻。

147.冰雹数

以7开头到后面也会变成同一串数，只不过过程会稍长一点：

7，22，11，34，17，52，26，13，40，20，10，5，16，8，4，2，1，4，2…

至于是否以所有数开头，到后面都会变成同一串数，这个到目前为止还不知道。

以1～26开头很快就会成为同一串数，而27则会在这列数的第77个数时达到最大，即9232，在第111个数成为同一串数。

148.遛狗

首先看这9个女孩可能组成多少对。

如右表格所示，一共可以组成36对。

每一组3人中可以组成不同的3对，因此每一对在12组（每天3组，一共4天）中只会出现一次。下页是符合条件的

1 - 2	
1 - 3	
1 - 4	
1 - 5	
1 - 6	
1 - 7	
1 - 8	
1 - 9	
2 - 3	
2 - 4	
2 - 5	
2 - 6	
2 - 7	
2 - 8	
2 - 9	
3 - 4	
3 - 5	
3 - 6	
3 - 7	
3 - 8	
3 - 9	
4 - 5	
4 - 6	
4 - 7	
4 - 8	
4 - 9	
5 - 6	
5 - 7	
5 - 8	
5 - 9	
6 - 7	
6 - 8	
6 - 9	
7 - 8	
7 - 9	
8 - 9	

分组方法：

第1天	1	2	3	4	5	6	7	8	9
第2天	1	4	7	2	5	8	3	6	9
第3天	1	5	9	2	6	3	3	4	8
第4天	1	6	8	2	4	9	3	5	7

149.射击

先算出3个人全都没有射中的概率为：

$$3/5 \times 3/5 \times 7/10 \approx 0.252$$

因此，3人中至少有1人射中的概率为 $1 - 0.252 = 0.748$。

150.最小的正长方形

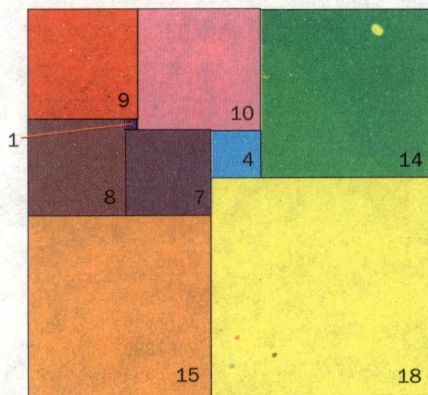

151.瓢虫的位置

如图，19个瓢虫分别在不同的空间内。

一般情况下，3个三角形相交，最多只能形成19个独立的空间。

这一点很容易证明。两个三角形相交，最多能够形成7个独立的空间，而第3个三角形的每一条边最多能够与4条直线相交，因此它能够与前两个三角形再形成12个新的空间，所以加起来就是19个空间。

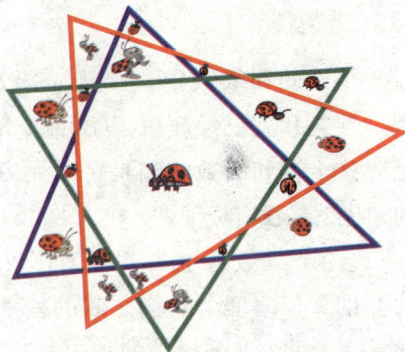

152.麦克马洪的彩色方块

麦克马洪的一套24个四色正方形和4×6长方形的答案之一。

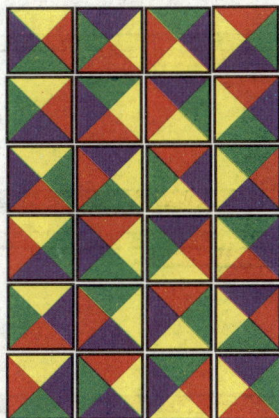

139

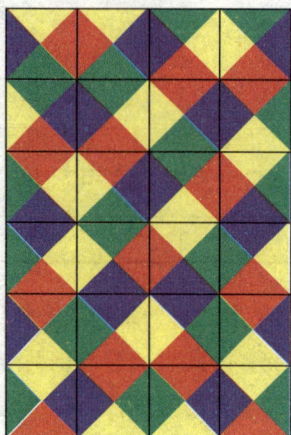

153.级数(2)

在该调和级数中，仅仅是第2，3，4项之和就已经超过了第1项；事实上，这个调和级数的和是可以无穷大的，也就是没有极限。

这2个级数看上去并没有多么大的差别，但事实上它们之间的差别是非常之大的。几何级数的和向着2这个数字靠近，而调和级数的和是无限增大的，尽管增大的速度比较慢——大约前3亿项的和才会超过20。

简单说来，几何级数具有收敛性，

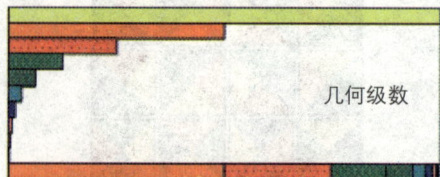

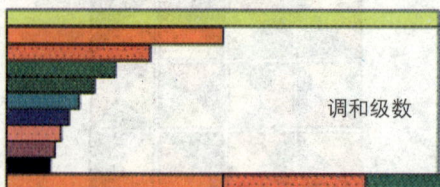

调和级数具有发散性。

154.折叠8张邮票

首先左右对折，将右边的4张折到下面去。这样5在2上面，6在3上面，4在1上面，7在8上面。

然后再上下对折，这样4和5相对，7和6相对。

然后将4和5插到3和6中间，最后将1折在2上面。

155.数的持续度

持续度分别为2，3，4的最小的数分别为25，39，77。每个数通过重复题目中的过程都可以得到一个一位数。这个过程不是无限的。

持续度	最小的数
1	10
2	25
3	39
4	77
5	679
6	6788
7	68889
8	2677889
9	26888999
10	3778888999
11	277777788888899

注意8和9出现的频率非常高。为什么呢？没有人知道。

156.小学生的日程安排

解决这类问题可以使用几何方法，如图所示的就是其中一种。圆外环的14个点将圆的周长等分，内环的圆圈中包含5个彩色三角形，它以圆心（图中标的是15）为中心旋转，每次旋转两个单位，最后会形成7种不同的位置，从而每个三角形分别构成7个组，其中每组由三角形的3个顶点的数字组成。

分组情况														
第1天	1	2	15	3	7	10	4	5	13	6	9	11	8	12	14
第2天	1	5	8	2	3	11	4	7	9	6	10	12	13	14	15
第3天	1	9	14	2	5	7	3	6	13	4	8	10	11	12	15
第4天	1	4	11	2	6	8	3	5	14	7	12	13	9	10	15
第5天	1	3	12	2	9	13	4	6	14	5	10	11	7	8	15
第6天	1	10	13	2	4	12	3	8	9	5	6	15	7	11	14
第7天	1	6	7	2	10	14	3	4	15	5	9	12	8	11	13

157.玩具头

通过统计这6个玩具头所显示的小球，我们得到了下面的结果：

红色小球：31个

绿色小球：6个

黄色小球：7个

蓝色小球：16个

这个数据非常接近我们的正确答案，也就是这60个小球的分布(30个红色，6个绿色，9个黄色，15个蓝色)。

统计学是研究统计理论和方法的学科。很多问题都可以通过统计学的方法来解决。尤其是建立在不确定和不完全的信息基础上的问题。统计学运用样本——也就是从总体中所选取出来的一部分来推导总体。

样本是随机抽取的。因此，概率在统计学中起着非常重要的作用。统计学通过样本来决定总体的构成。

如果我们想通过样本对总体的估计精确到98%以上，那这个样本含量需要多少才可以呢？

如果总体是200个人，那么这个样本至少要包含105个人。如果总体是10 000个人，那么样本必须包含213个人。这个玩具头的游戏就是遵循统计学原理的。

如果你对统计学有了一定的了解，你就再也不会相信那种基于错误数据所得出的错误结论了。

图表经常用于统计学和概率论中，它可以让数据变得形象化，从而更好地展现各种数据之间的关系。

158.分割正方形

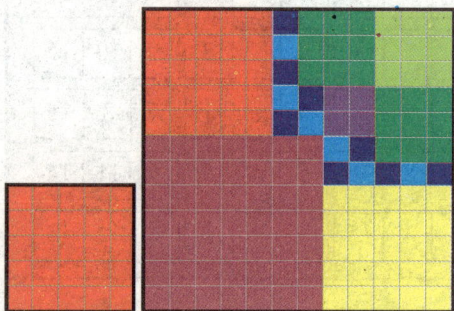

159.绿色与蓝色

绿色区域占44%，蓝色区域占56%。

160.平衡的天平

E

五角星=8，正方形=6，圆形=7。

161.锯齿形彩路

如图所示，黄色能形成一条封闭的环形线路。

162.折叠报纸

在实际操作中，不可能将报纸对折8次或者更多，不论这张报纸有多大，纸有多薄。

这是因为每对折1次，纸的厚度就增加了1倍，很快纸就会变得很厚。

折叠8次之后，纸的厚度就会是开始时的256倍，这样的厚度不可能再次对折，除非你的力气实在是大得惊人。

163.六边形填数

如图所示。

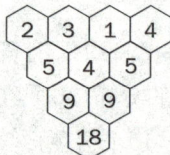

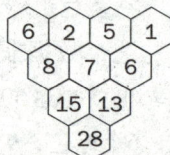

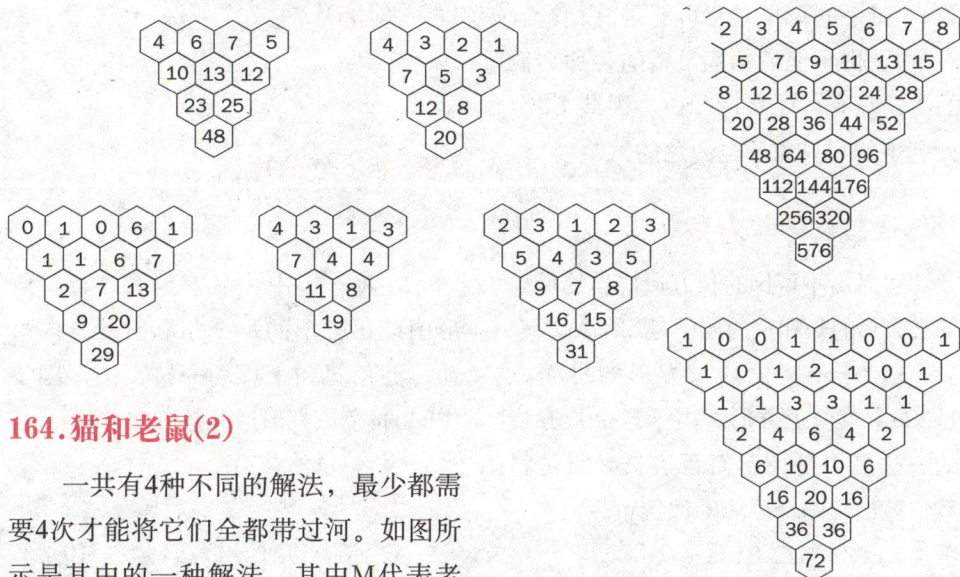

164. 猫和老鼠(2)

一共有4种不同的解法，最少都需要4次才能将它们全都带过河。如图所示是其中的一种解法，其中M代表老鼠，C代表猫。

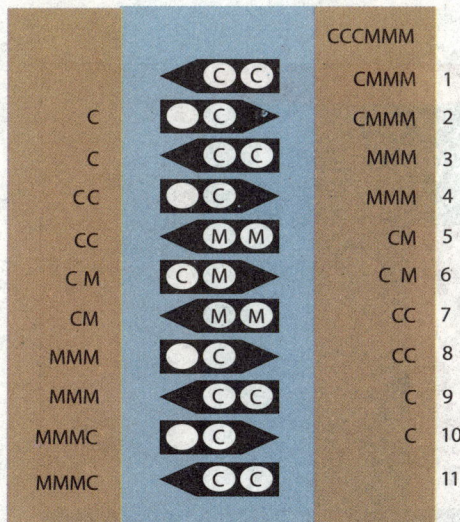

165. 兔子魔术

第1个选手帽子上的标签可能是RRR或者RRW。我们假定是RRR，那么由于标签是错的，他马上就可以推断出他帽子里的另外一只兔子是白色的。

那么第2个选手的标签肯定是RRW(因此他也可以推测第3只兔子的颜色)。那么第3个选手的标签不是RWW，就是WWW，他应该可以推断他帽子里另外一只兔子的颜色(如果是WWW，就是红色，如果是RWW，就是白色)。但是题目中已经告诉我们了，他说不出第3只兔子的颜色，因此第1个选手的标签应该不是RRR，而是RRW，也就是他的帽子里3只兔子都是红色的。

由此第2个选手的标签只可能是RWW，他的帽子里有2只红色兔子，1只白色兔子。如果第3个选手的标签是WWW，他应该知道另一只兔子的颜色，因此他的标签是RRR。第4个选手的标签是WWW。由上面已经知道了8只兔子的颜色(5红3白)，那么

143

第4个选手的兔子只有可能是3白或者1红2白。由于他的标签是错的，那么他的兔子只有可能是1红2白。因此第3个人剩下的那只兔子是白色的。

166.不可比的长方形

可以用不可比的长方形拼出的最小的长方形的长和宽的比例是22：13。

这7个不可比的长方形的总面积是286个单位正方形。由于这个长方形的一边最小是18，而且边长必须是整数，就出现两个可能的比例：

26：11和22：13

我们这道题目的答案是第二种，它有更小的周长。

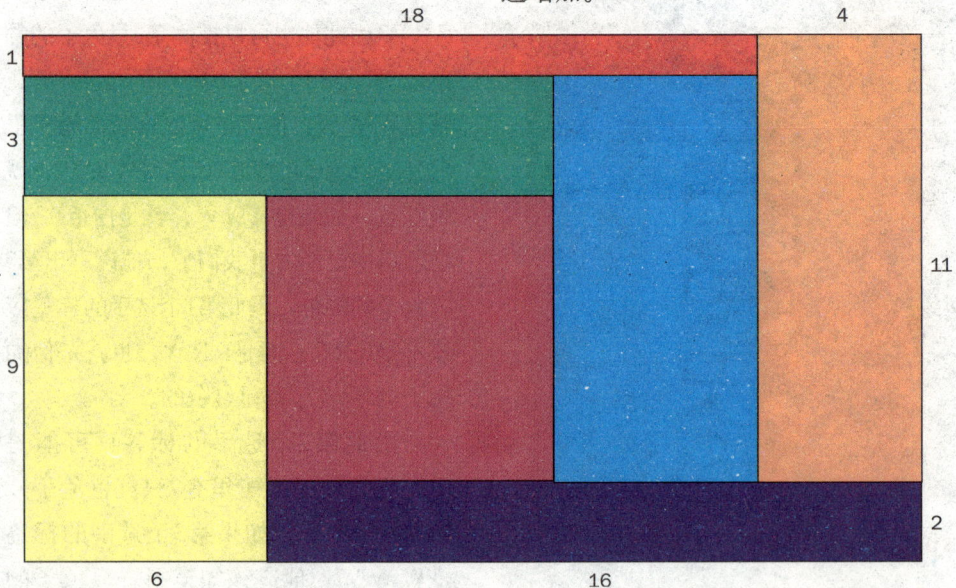

167.图形序列

D

168.下一个图片

A

在每一行中，从左到右进行，菱形围绕正方形的每个角顺时针方向移动，五角星向下移动一格，圆形围绕中间的4个正方形逆时针方向移动。

169.数字分拆

数字6有11种分拆法，数字10则有42种分拆法。

随着数字增大，分拆的方法数迅速增加。

n=50时，有204226种；

n=100时，有190569292种。

170.纸条艺术

如下图所示。

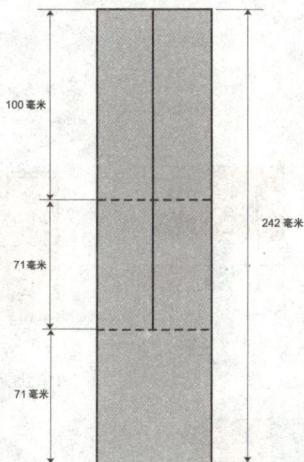

171.瓢虫花园

有多种解法，下图是其中的一种。

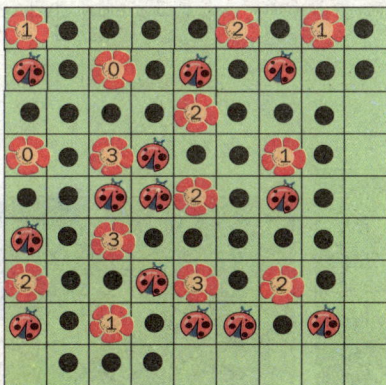

172.纸风车图案

这个图案与风车的4种颜色密切相关。4种颜色一共可以有24种不同的组合，而在我们的题目中，不计纸风车的旋转，这样就还剩下6种不同的颜色组合。每一横行或每一竖行都正好包含这6种不同的颜色组合，从黄色开始：

1. 黄　红　绿　蓝
2. 黄　红　蓝　绿
3. 黄　绿　红　蓝
4. 黄　绿　蓝　红
5. 黄　蓝　红　绿
6. 黄　蓝　绿　红

根据这个规律，你就可以给这些白色纸风车涂上正确的颜色了。

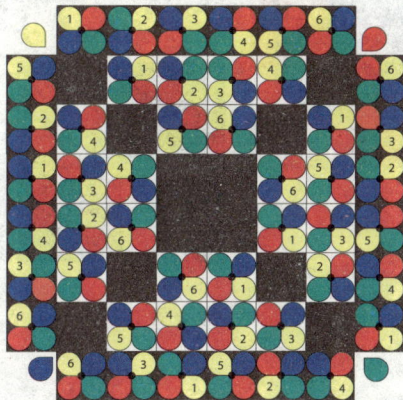

173.生日问题(1)

很多人都猜至少需要150人或者更多，但计算的结果可能会让你大吃一惊。

只需要随机抽取23个人，其中有2个人生日相同的概率就已经大于50%了。分析如下：2个人生日不相同的几率为364/365，第1个人可以是任何一天过生日，而第2个人可以是剩下的364天里的任何一天过生日，第3

个人可以在剩下的363天内的任何一天过生日，因此3个人的生日都不同的概率为 (364/365)×(363/365)。

随着生日不同的概率减小，生日相同的概率增加。如果你能够想到：23个人的不同组合可以组成253对，那么23人就能够满足题目的要求了。

(364/365)×(363/365)×···×[(365−n+1)/365]，其中n指总人数。

n个人的不同组合可以组成的对数等于：

n×(n−1)/2也就等于 1+2+3+···+(n−1)

174. 非正的正方形

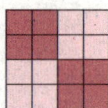

2×2
4个正方形

3×3
6个正方形

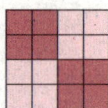

4×4
4个正方形

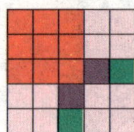

5×5
8个正方形

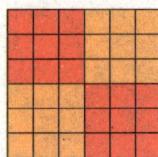

6×6
4个正方形

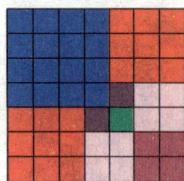

7×7
9个正方形

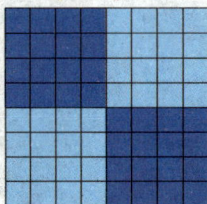

8×8
4个正方形

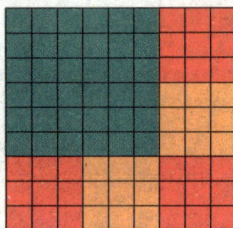

9×9
6个正方形

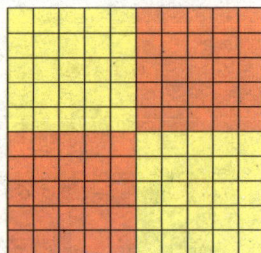

10×10
4个正方形

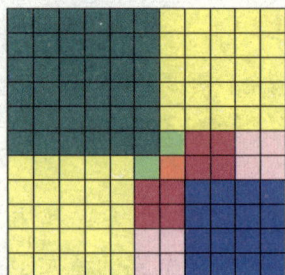

11×11
11个正方形

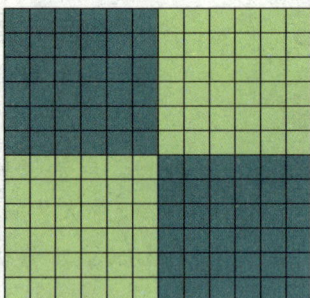

12×12
4个正方形

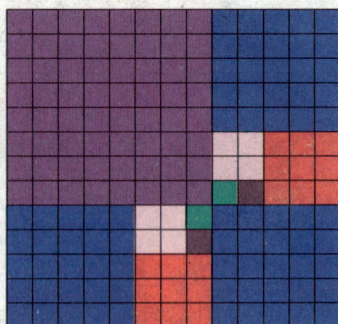

13×13
12个正方形

175.旋转

如图所示，把图中的每一个色块按顺时针方向旋转180°就得到下面的英文单词：

176.楼号

在第121号大厦和编号开始处之间一共有120栋大厦。相应的就有120栋编号高于294的大厦。因此，街两旁建筑共有294＋120＝414栋。

177.之字形瓷砖

按照这一规律接下去的一块瓷砖应该是：

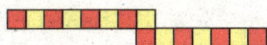

你能够做得更好吗？

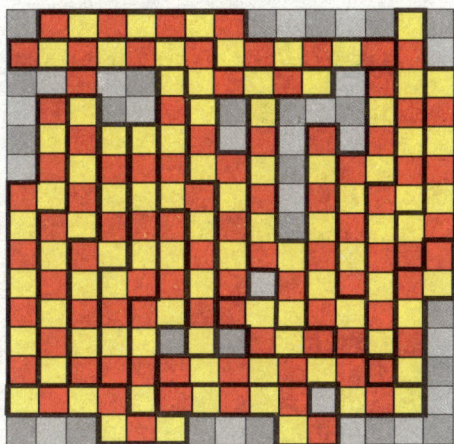

178.折叠正方形(1)

A.4   B.1

C.1   D.3

179.数字卡片

如图所示。

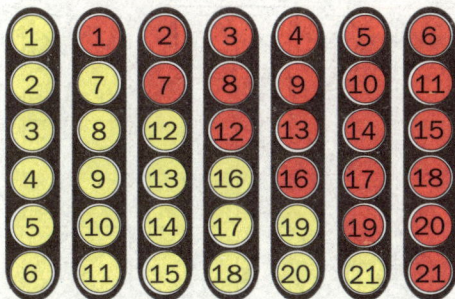

180.谁是谁

右边的是汤姆，中间的是亨利，左边的狄克，而且狄克说谎了。

181.生日问题(2)

答案为253。

概率为$1-(364/365)^n$，其中n指除你自己以外的人数。

182.分巧克力

如图所示切6次。

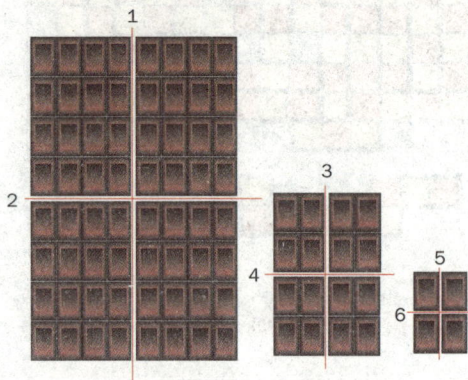

183.隐藏的图形(1)

图形1和图形2在图中分别出现了两次，如图所示。

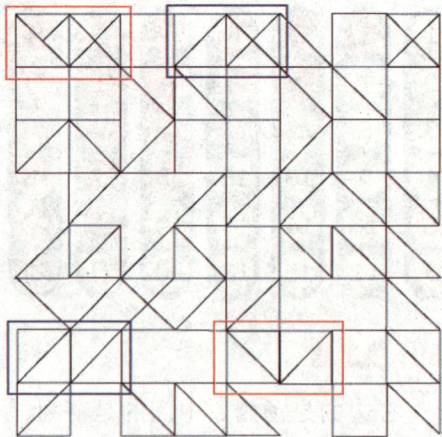

184.彩色方形图

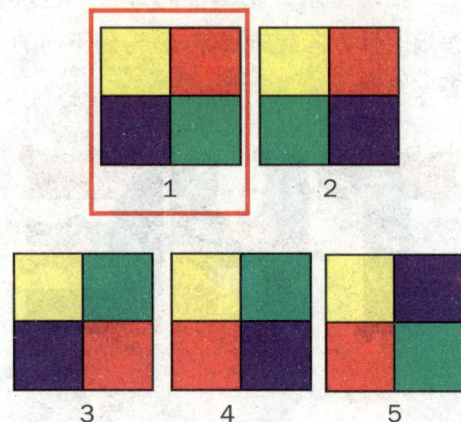

185.折叠正方形(2)

A.1   B.2
C.3   D.4

186.赛跑的名次

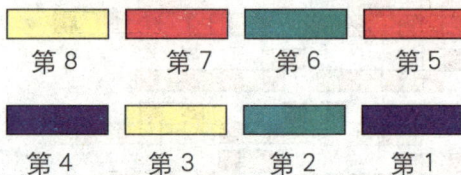

这是唯一的解法。这一类问题叫做朗福特问题。

一般来说，如果n是队的数量，这类问题只有当n是4的倍数，或者4的倍数减1时才会有解。

187.哪一句是真的

第11句话肯定是真的。因为这11句话中每一句都与其他11句矛盾，因此只可能有一句是真的，即其中11句都是假的。

188.黑暗中的手套

要解答这道题，首先要考虑到拿到的全部都是左手手套或者全部都是右手手套的情况。它们分别都有14只。

在这种情况下，如果拿15只一定会拿到一双手套。

但是可以做得更好。尽管是在黑暗中，还是能够通过触觉分清左右手套。考虑到最差的情况，可以拿13只左手手套或者13只右手手套，然后再拿一只另一只手的手套。这样至少会有一对手套。也就是说，一共只需要拿14只手套就可以完成任务。

两种情况分别如图所示。

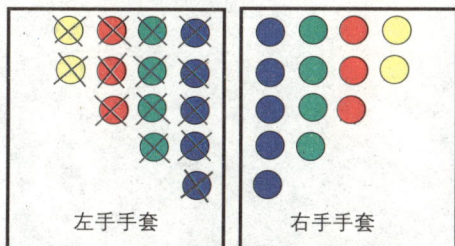

左手手套　　　右手手套

✕ 代表拿出14只手套

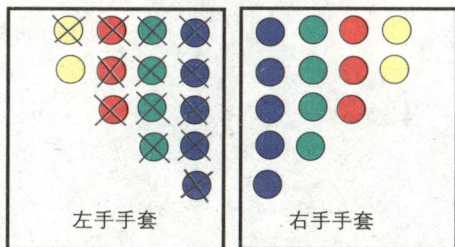

左手手套　　　右手手套

✕ 代表拿出13只手套

189.十二边形锯齿

190.三分三角形

如图所示。

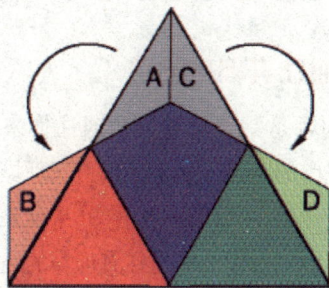

191.彩色正方形棋子

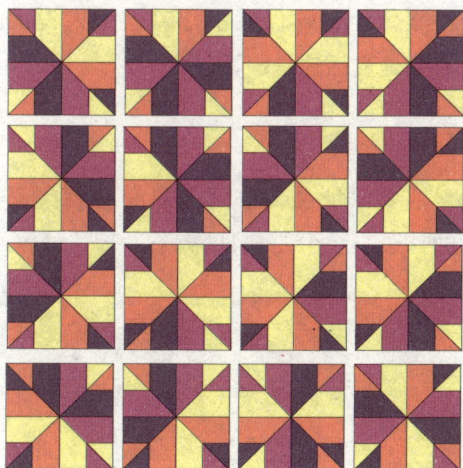

192.神奇的折叠

是的。 但是为什么呢？

你折叠的线其实是三角形三边的垂线，它们交于一点，这一点称为垂心，它也是三角形外接圆的圆心。

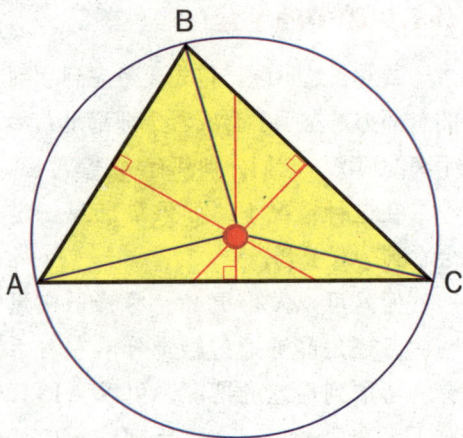

193.3个队员的队

如图所示。

194.通往真理城的路

问题是："请告诉我通往你来自的那个城市的路。"如果他来自真理城，他会指给你通往真理城的路；如果他来自谎言城，他也会指给你通往真理城的路。

这道题非常有趣的一点就是，尽管你能够通过这个问题得到你想要的答案，但是你仍然不知道这个人说的究竟是真话还是假话。

195.黑暗中的袜子

要保证至少拿到一双左右脚配套的袜子，至少要拿4只袜子。